Ева Н

Сенсор

Ритм-роман

Москва Самокат

УДК 82-31=161.1
ББК 84 (2Рос-Рус)-44
Н50

Немеш, Ева.

Н50 Сенсор : роман [для среднего и старшего школьного возраста] / Немеш Ева — М. : Самокат, 2024. — 112 с. — (Встречное движение). — ISBN 978-5-00167-573-0.

Роме Турбину четырнадцать лет. Все обострено, мир проходит проверку на фальшь и проваливает ее, незыблемое рушится, привычное ломается, новое пугает. «Да, мам, я сенсор. Неисправный тачскрин...» Родители, от которых не дождаться понимания. Друг, с которым все сложно. Учителя, устраивающие шум из ничего. И она, незнакомка из троллейбуса в эльфийской шапке и с сумкой с надписью «Я не Пушкин». Найти ее, найти себя и пережить кризис Роме помогут Руслан и Людмила. Только это не пушкинские герои, а чилийские белки из зоомагазина.

Новый текст Евы Немеш написан ритмизованной прозой — возможно, лучшая форма для того, чтобы достучаться до 14-летних сенсоров, которым важно услышать: ты не один, и ты справишься.

Ева Немеш — трехкратный лауреат премии «Книгуру», лауреат премии «Книга года» (2023). В «Самокате» выходили ее повести «Субтитры» и «Выключите орфографию»..

ISBN 978-5-00167-573-0

ОГЛАВЛЕНИЕ

Часть первая

Часть вторая

ЧАСТЬ ПЕРВАЯ

ЗАЯВКА

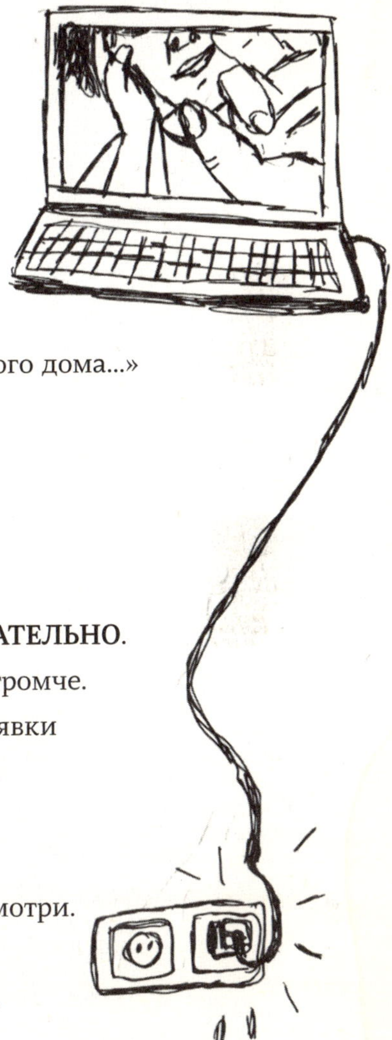

«Всем привет!..»
Стоп?!
Согласен, бред.
Думаю, лучше так:
«Добрый вечер! Я, Рома,
веду репортаж
из своего уютного
одноэтажного дома...»
Опять стоп?
Почему?
Наговорил лишнего?
Что, правда ничего не слышно?
А по-моему, всё
ГРОМКО, ЧЁТКО и ДОБРОЖЕЛАТЕЛЬНО.
Ладно, сделаю погромче.
Да, всё помню: в начале видеозаявки
фамилия и класс — обязательно.
Так. Всё! Работаем! Дубль три.
«Здравствуйте, я...»
Слушай, ты лучше на меня не смотри.
Да, представь себе, смущаюсь.
Ну всё! Теперь точно не собьюсь.

Эх! Зачем согласился?
Надо было сказать: не готов, не достоин, камеры боюсь.
Но обратной дороги нет.
Так что
вдох-выдох.

«Всем привет!
Я, Турбин Роман,
восьмой "А",
метр семьдесят два,
способный-но-ленивый,
не хулиган.

Предлагаю вашему вниманию видео про мой любимый,
но не родной город,
на гербе которого огромный камень.
Многие (почти все)
думают — астероид,
не подозревая, что это изображение
нашего знаменитого горного минерала.

Ещё на гербе олень —
его, кажется, скопировали с алтайского марала.
Местный не такой ветвистый,
но на документах надо выглядеть солидно.
(Я, например, в паспорте причёсанный. Сорри, отвлёкся.)
А вообще здесь ни оленей, ни полезных ископаемых
давно не видно.
Нет, в музее всё на месте: камней аж две витрины!
На входе — чучела животных, на выходе — картина
"Заготовка оленины"...»

Блин! Совсем забыл, что надо с выражением прочесть

ТОПОНИМИЧЕСКУЮ ЗАГАДКУ:

а знаете ли вы, что город назван в честь краски,

сделанной из того самого ~~астероида~~ минерала?

«Зрителям это будет интересно», —

так классная сказала.

Слушай, а «**БЛИН**» и всё после него вырезать получится?

Отлично! А то неохота с самого начала мучиться.

Тебя тоже это кино достало?

Ок. Выдох. Вдох.

«А вообще, все подробности — в музее, в зале “Геология”.

Экскурсовод загрузит вас

ЭТАПАМИ ПОЛУЧЕНИЯ ПИГМЕНТА,

(растереть камень в пыль — не самая сложная технология),

а также легендой про то, как древние местные жители

намазались краской и легли вдоль синей реки.

Сюрприз! Маскировка сработала:

мимо пробежали и динозавры, и заклятые враги.

А если (такое иногда бывает) к этой информации

вы отнесётесь скептически,

просто выйдите на улицу —

там вы сразу обратите внимание, что дома в нашем

ЦЕНТРЕ ИСТОРИЧЕСКОМ

небесные, лазурные, васильковые, то есть голубые.

Немного облезлые и покосившиеся,

зато все **ЖИЛЫЕ.**

Это на задворках и окраинах кто во что горазд:
у одних (например, у нас) кирпич, у других — пеноблок.
Да, неприятный контраст.
Приезжайте — сами всё посмотрите, проверите,
если вдруг моей истории не верите.
Хотя какой мне смысл врать?
Кстати, если планируете приехать зимой,
то шапку можно не брать.
Смотрите: сейчас третье января,
а на улице плюс восемь.
Зима у нас мягкая, мы снега ни у кого не просим,
дождь тоже не заказываем, но иногда заливает.
Погода — штука не всегда предсказуемая,
всякое в жизни бывает.

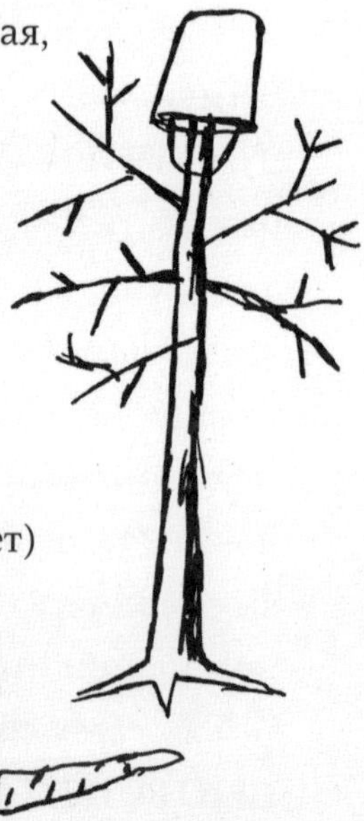

Что ж.
Зиму отрекламировал на отлично.
А вот про лето ничего не скажу,
потому что обычно,
а на самом деле всегда
(по крайней мере, последние восемь лет)
летние каникулы провожу не дома.

Не возражаете, если я расскажу о себе?
Буквально полслова.

Дело в том, что в начале июня я отправляюсь к бабушке —
вглубь континента
и по программе VIP-клиента:

— **“ПРОШУ НЕ БЕСПОКОИТЬ”** (табличка),
— шестиразовое питание,
— безлимитный интернет.
Я целых три месяца провожу там,
где некоторое время назад
появился на свет.

И пока бабушка ходит на рекомендованные **МНЕ** спектакли
и занимает лучшие места в летнем лектории,
я весь день (а иногда ночь) брожу,
но не для того,
чтобы сжечь лишние калории,
а чтобы на год вперёд
надышаться испарениями асфальта,
ещё чтобы ослепнуть от золота
и, само собой, чтобы оглохнуть от оркестра
по-настоящему
БОЛЬШОГО города...»

Стоп.
Опять занесло.
Что-то я сегодня
не слишком позитивно настроен.
Спасибо за помощь, и...
Слушай, удали это всё.

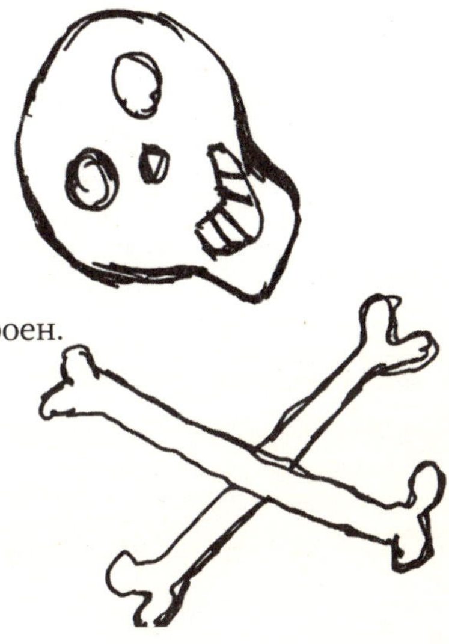

Классной

скажу,

что пока

не достоин.

TURRITOPSIS NUTRICULA

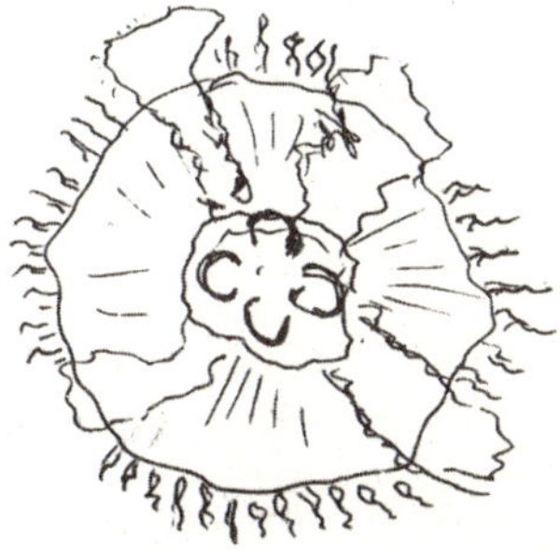

Турритопсис нутрикула,
Турритопсис нутрикула —
для кого-то сочетание дикое,
а как по мне — так отлично.
Всё латинское звучит привычно,
если **С ДЕТСТВА**
завален всякими Энциклопедиями Редких Растений
и Невероятных Животных.
Живёшь в этом всём,
а потом сам не понимаешь,
откуда знаешь последовательность
остатков аминокислотных.
Ну как откуда?
Просто иногда что-то смотрю, читаю.
Сначала — туман, потом неожиданно
(ага, та самая ЭВРИКА!) кое-что понимаю.
Биология и химия — само собой, реально нравятся.
Правда, бесит, когда кто-нибудь мерзко скалится
и ЮМОРИТ тупенько
про яд в пробирке или инфузорию-туфельку.

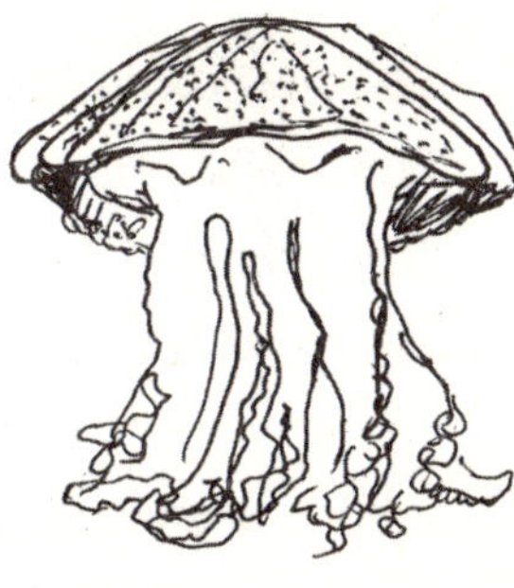

Сейчас вот собрался с одним вопросом разобраться,
а мама говорит: «Ром, придётся от книжки оторваться.
Папа предложил развеяться».
Я сразу понял: на спокойный день можно не надеяться.
У папы иногда бывает:
его ни с того ни с сего
(не в будни, конечно, а обычно в выходной)
прям накрывает.
Он хватает ключи от нашего старого «Ситроена»
и орёт почти как сирена:
«Может, обстановку сменим?
Живём в двух часах от моря,
но этого совершенно не ценим!»
На самом деле это приказ, а не предложение.
Всем понятно, что через пять минут надо сидеть в машине
с восторженным лица выражением.

Что ж. От семьи никуда не денешься,
тем более в зимние каникулы.
Минимум полдня придётся прожить
без Турритопсис нутрикулы.
До точки назначения еле доплелись —
к побережью даже зимой кортежи.

Вышли. Осмотрелись.
И пока мама тараторила про воздух суперсвежий,
мы с папой провели зарядку.
Как дальнобойщики, вяло попрыгали,
сделали несколько утиных шагов вприсядку.
Выполнив разминочную программу,

мы подхватили отравленную йодом маму
и побрели на пляж —
до него, увы, не сто шагов,
как до закусочной «Ассоль»,
а приличный километраж.
Но с этим вызовом мы как-то справились
и под истерику чаек вышли к морю.
И вот тут все
(ну я точно) сказали:
«ОУ!»
Потому что весь берег —
весь АБСОЛЮТНО —
был завален дохлыми медузами.

«Н-да... Не очень-то тут уютно...
Ром, что скажешь? Есть идеи?» —
спросил папа вполголоса.
Отвечаю: «Аурелия ушастая,
типичный представитель
фауны умеренно тропического пояса.
Не отличается ни долгожительностью
(средний цикл — полгода),
ни УМОМ, ни СООБРАЗИТЕЛЬНОСТЬЮ».
Пока даю справку, кто-то вдали орёт:
«Есть тут главный?
Уберите их наконец!
Смотреть противно!»
Его понять можно:
мертвечина выглядит депрессивно.

Остальные гуляющие вдоль берега спокойней намного,
но некоторые тревожно шепчут:
«Что же их погубило?
Почему так много?»
К задающим вопросы подключается папа:
«Ром, есть предположение?»
(Вопрос, конечно, задан **НА ПУБЛИКУ** —
с напускным уважением.)
Я неакадемично краток:
«Думаю, шторм.
Для зимы это норм».
Папа гипотезу принял:
«Согласен. Ну что?
Насмотрелись? Надышались?
Вроде бы поесть ещё собирались?
Только давайте без собак в тесте!
Слушайте, а когда мы в последний раз обедали вместе?»
Мнения, конечно, разделились.
Мы так бурно спорили, что сами и не заметили,
как в каком-то не сильно проветренном
и так себе освещённом кафе очутились.

Родители, нахмурившись,
листают **ЛАМИНИРОВАННОЕ МЕНЮ,**
потом, вздыхая, ждут и, наконец, осторожно едят.
Ну а я всё это время довольно громко бубню:
«Турритопсис нутрикула, Турритопсис нутрикула...
Вот её точно никогда и никуда бы не выкинуло».

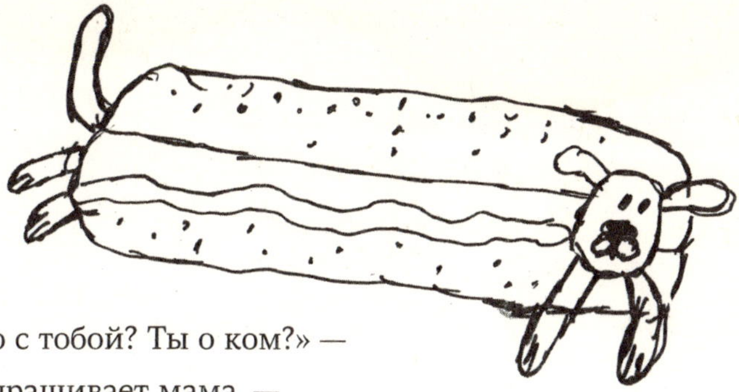

«Ром, что с тобой? Ты о ком?» —
спрашивает мама. —
«Давай, ешь быстрее!
Нам ещё до машины полчаса пешком».
Положив нож и вилку параллельно
(что значит: «Спасибо, было невкусно»),
говорю членораздельно,
но не бодро, а скорее грустно:
«Мам, я о знаменитой бессмертной медузе,
которая сверхлёгким
(меньше грамма) грузом,
едва почуяв беду, камнем летит на дно.
И там, свернувшись в непонятно что —
океанский горох или коралловый помёт, —
терпеливо ждёт.
Переждав подводный ураган или новую солёность,
как насморк или, не знаю, допустим, влюблённость,
она, расправив желейную юбку,
как ни в чём не бывало всплывает
и так бесконечно живёт себе поживает».
«Нет, это потрясающе! Во даёт!» —
восклицает папа.

Но не совсем понятно, кто его удивил:

Turritopsis nutricula

или официант,

который никак

не принесёт

счёт.

ПИСЬМО ДРУГУ

Привет, Марк!

В начале скажу

УЖАСНУЮ ВЕЩЬ.

Поэтому на всякий случай

(если неожиданно упадёшь)

советую прилечь.

Лёг?

Тогда ок, продолжаю,

а то вдруг ты слишком впечатлительный,

а я до сих пор про это не знаю.

Итак.

Привет, Марк!

Если бы у меня не было друзей,

ничего бы страшного не случилось.

Но они есть.

И отлично, что так получилось.

Мне повезло, что вы все — обычные люди.

Возьмём, к примеру, тебя.

Высокий, вечно в худи

(даже в школе, только галстук сверху —

ФОРМА ЕСТЬ ФОРМА, а не для смеха).

Нос неприметный,
глаза — выразительные, живые,
цвета прибоя
(не восхищайся моей точностью —
просто запомнил
СХЕМУ
ОПИСАНИЯ
ЛИТЕРАТУРНОГО ГЕРОЯ).
Рот...
Ну, тут трудно подобрать примеры.
Бывает, из него вылетает сто семьдесят слов в минуту
(есть зафиксированные замеры).
Ещё ты всегда (не обижайся) краснощёкий,
зато без наметившихся~~, как у некоторых,~~ усов,
а также без лишнего веса — ещё бы:
несколько тэквондо-поясов!
Прости, конечно, правильно:
ТХЭК-ВОН-ДО — часто несу ахинею,
просто пытаюсь вспомнить все твои трофеи,
а не только значок за **#противкурениязабег.**
Помнишь?
Ладно, забудем этот хештег.
То, что случилось во время того
~~(для кого-то важного)~~ марафона,
нас **НЕ КРАСИТ,**
но мы **СДЕЛАЛИ ВЫВОДЫ**
и на **ОТВЕТСТВЕННЫХ МЕРОПРИЯТИЯХ**
больше не **ПОЗОРИМ ЧЕСТЬ РЕГИОНА.**

Но согласись, весело было тогда.
Эх... Тебя тоже пробивает на слёзы
от нелепостей вроде
ПЕРВЫЙ ДЕНЬ ДРУЖБЫ НЕ ЗАБУДЕТСЯ НИКОГДА?
Особенно в память врезался тот бесценный момент,
когда я вдруг понял, что лучший претендент
на то, чтобы вместе свернуть с маршрута, —
это номер сто семь — новенький Марк Федута.
Надеюсь, ты не забыл, как уже у первой станции
мы, схватив по шарику и бутылке воды,
не договариваясь,
сошли с дистанции
и...
И с тех пор, как ни крути,
мне с тобой всегда
(ну почти всегда)
по пути.
«Из всех твоих приятелей
Марк самый симпатичный и обаятельный», —
говорит мама, как будто все остальные —
угрюмые уроды.
Ну да, ты же всегда просишь её приготовить
больше-нигде-таких-не-ел
(на самом деле обычные с колбасой)
бутерброды.
Как это у тебя получается?
Объясни.
Я, например, никогда не ездил на машине завуча.

Честно: вот ни разу!
А ты можешь запросто сказать:
«Майя Николаевна,
подвезите, пожалуйста, к магазу.
Дальше как-нибудь сам.
Просто на физре неудачно подвернул ногу.
Согласитесь, не вызывать же папу на подмогу?»
Уверен, в машине вы не обсуждаете,
как исправить твою четвёрку по истории,
а говорите совсем о другом,
например
о БЛАГОУСТРОЙСТВЕ
ПРИЛЕГАЮЩЕЙ
ТЕРРИТОРИИ.

Дорогой Марк,
как видишь, я тобой восхищаюсь
и, обрати внимание, совсем не обижаюсь,
когда выпадаю из поля твоих интересов.
Общение не должно быть стрессом —
кто сказал эти золотые слова?
Не удивлюсь, если услышал их от тебя.

Ладно, друг.

Всё, пока.

Почти полночь.

Осталось немного:

число,

год

и подпись:

Твой Ромыч.

ЖЁЛТЫЙ

Каждое утро в Жёлтом...
Прямо как те **ПЕРСОНАЖИ,**
Но за рулём не мисс Чип, а дядя Коля Букашин.
Мы тоже нелепые, очкастые, смешные.
В пути уже полчаса — пока никого не стошнило.
Историй у нас навалом, и роли сыграли б прилично,
Только в кино не зовут.
Не слишком фотогеничны?
Да, типажи не очень: колхоз, деревенская банда...
Короче. Вчера смотрел фильм.
Там школьная бейсбольная команда
уютно топталась в низшей, но почётной лиге,
а потом вдруг всех порвала
(полсерии WOW и HOORAY крики).
Как и положено, ребятки много работали
и допрыгнули до космоса.
Но этих суперзвёзд
жёстко строила
водительница школьного автобуса.
Орала, сигналила,

высаживала не на той лужайке,
перед носом захлопывала дверцу.
За дело, конечно, не просто так — они те ещё перцы.
Дядь-Коля тоже не няшка.
И за дорогой следит, и за нами — вдруг какая промашка.
Семечки, мат, шапка чья-то по кругу, дикая ржака —
в компании на **20 ПОСАДОЧНЫХ МЕСТ** до фига шлака.
«Николай Николаич, а он опять...» —
жалуется кто-то из мелких.
Но дядя Коля не будет воспитывать и обвинять.
На всякую ерунду он вообще **НОЛЬ ВНИМАНИЯ:**
Николаич не выписывает штрафы,
не устраивает ни облавы, ни задержания.
Если натворим настоящих дел,
то, к гигантскому родительскому унынию,
он на следующий день просто
НЕ ВЫЙДЕТ НА ЛИНИЮ.
Так что стараемся не нарушать
ПРАВИЛА ПЕРЕВОЗОК ВНУТРЕННИЕ —
лучше с дядей Колей,
чем в машине с папой и мамой утренними.

Николаич...
Ага, получается, его отца тоже звали Коля,
но это неточно:
на всё, как говорит наш директор, **КОЛЛЕКТИВА ВОЛЯ.**
Я, например, для всех **РОМЫЧ** — и это при бате Саше!
Вот такая с отчествами, и не только с ними, у нас каша.

Зато безопасность на высоте:

едем не быстрее трактора.

С отоплением тоже порядок:

перекрывая показатели ядерного реактора,

шпарит на полную печка.

Убавь её, Николаич.

В ланчбоксе

испортится

гречка.

ЗАЧЕМ

Немного охрип.
Отдыхаю.
И как собаки не устают от **ВОКАЛИЗАЦИИ**,
то есть от лая?
Человек устроен по-другому:
мы не можем мгновенно забыть,
как только что ходили друг за другом по дому
и орали в спину накопившееся,
очевидное,
но ужасно ~~(просто катастрофически)~~
обидное.
У каждого орущего — куча претензий,
все жалобы по списку.
Противно вспомнить.
Жаль, что после скандала у людей не получается
весело вилять хвостом или уткнуться в миску.
Обычно или тупо лежишь без сил,
или продолжаешь метаться —
как сейчас папа.

Состояние разное,
но нас объединяет то,
что первым никто не протягивает лапу.
Нарушения равноценные.
Оба за буйки заплыли,
но ни он, ни я не скажем:
«Ладно, всё. Проехали. Забыли».
Мы знаем: зачем искать примирения,
если оно найдётся само?
В том, что всё будет хорошо,
у нас нет никакого сомнения.
Просто надо дождаться маму —
она сначала расстроится,
а потом возьмёт себя в руки и с удовольствием разберёт
по строчкам нашу драму.
Конечно, не так глубоко, как получилось бы у бабушки —
известного беспощадного критика,
но мама тоже справится.
Всё-таки у неё диплом маркетингового аналитика.
Работа у неё что надо.
Если кратко, то маркетологи — это люди,
которые полгода думают, что рисовать на шампуне —
морошку или авокадо.
Ошибёшься — и всё! Катастрофа, ЧП,
кризис, провал, нищета и т. п.
Так что навыков у мамы достаточно,
она мастер коллабов и компромиссов,
всегда готовый к клиентским истерикам и капризам.

Да, она давно не в КОМПАНИИ,
но накопленные там ~~деньги и~~ знания
с лёгкостью потушат
и разгоревшийся костёр, и тлеющие у́гли —
СО ВСЕМ НА СВЕТЕ
СПРАВИТСЯ
ГЕЛЬ ДЛЯ ДУША
«АРКТИЧЕСКИЕ ДЖУНГЛИ»
(последний и самый успешный мамин проект,
правда, я этим жидким мылом не пользовался,
не могу подтвердить обещанный эффект).
Но точно знаю,
что скоро всё друг другу простят —
~~и будут улыбаться, как в фотоальбоме,~~
никто не вспомнит, что всё началось с вопроса
«Что за вонища в доме?» —
так абсолютно неожиданно,
без всякого предупреждения
папа вывалил на меня
свои негативные обонятельные впечатления.
Я, конечно, не ждал «Привет, сынок!
Что нового в школе?»,
но как-то можно было немного помягче, что ли.
Нет, отчасти он прав.
Просто Марк предложил сократить путь,
то есть пойти через ферму.
Ну, наступил я в навоз,
ну, не заметил,

ну, слишком погрузился в важную,
уже не помню какую тему,
ну, натоптал в прихожей и опять не заметил,
ну, микрокусок навоза
на стену непредсказуемо срикошетил.
Наверное, это случилось, когда кидал кроссовки на место.
Блин, да никакой это не жест протеста!
Говорю: просто и там, и здесь не обратил внимания.
Да, у меня
ВСЕГДА ВСЁ ПРОСТО!
Да, мой ИНФАНТИЛЬНЫЙ МИР
состоит из ОЧЕВИДНЫХ
ВЕЩЕЙ ОТРИЦАНИЯ!
Примерно так началась сегодняшняя история,
которая,
проехав по обычному маршруту,
вдруг свернула с привычной траектории.
Мы уже почти закончили препираться,
как в тишине повис мой вопрос:
«Слушай, а кто нас в этот коровник вообще-то привёз?
Ведь, как гласит семейная хроника, раньше мы жили
в **МИЛЛИОННИКЕ.**
Напомни, как я родился,
в какой обстановке?
В театре? Может, в метро?
Или на перехватывающей парковке?
Почему мы уехали?
Что там было не по-вашему?

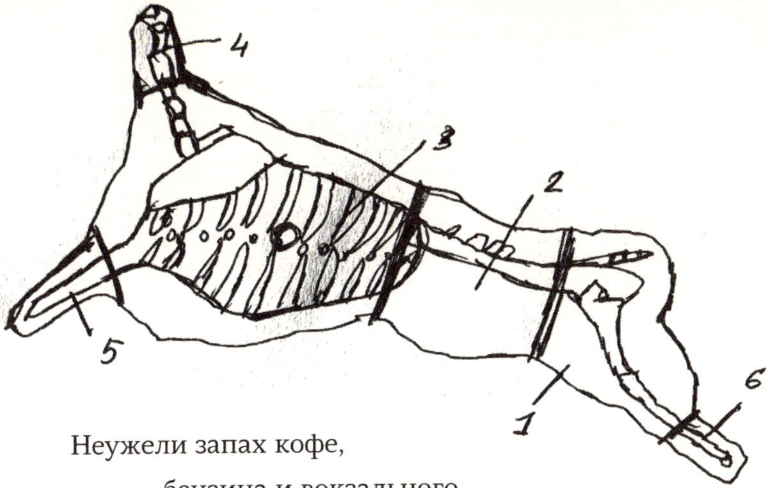

Неужели запах кофе,
бензина и вокзального
ПЛОВА ПО-ДОМАШНЕМУ?
Ты правда не выдержал этой мегаполисной вони?
Ты же хирург,
а они не про розовых пони.
До сих пор не пойму — почему?
Тот, кем ты был раньше, в теории
не захотел бы стать терапевтом в облезлом санатории.
Тебе правда нравится мерить пульс
и назначать хвойные ванны?
Может, всё-таки расскажешь,
в какой момент вы собрали чемоданы?
Ты от кого-то бежал?
Устал от неизлечимых пациентов?
Не выдержал конкуренции?
Тогда зачем по вечерам у тебя с коллегами
ВИДЕОКОНФЕРЕНЦИИ?

Если они тебе до сих пор интересны,
получается, ты жалеешь, что когда-то загуглил
"глухое но с мягким климатом место"?
Кстати, вы спорили из-за отъезда
или мама сразу согласилась?
Хотя её работа не сильно как раз изменилась —
какая разница, что впаривать клиентам
— название пончиковой
или экскурсии
к ~~обыкновенным лесным ручьям~~
ЦЕЛЕБНЫМ ИСТОЧНИКАМ?
Ой, да хватит в десятый раз про грязную стену,
про горы и свежий воздух — тоже.
Не меняй, пожалуйста, тему!
Слушай,
ну выбрали вы это с двумя школами
и тремя троллейбусами поселение,
ок, может, это и правда спасение,
избавление и вверх, а не вниз движение —
но ответь, почему наш дом на отшибе —
ну реально в лесу?
Помнишь моё первое письмо бабушке:
"У нас всё хорошо, видел вчера волка,
а позавчера лису"?
Я тогда прилично огрёб за **ПРЕУВЕЛИЧЕНИЕ.**
Ага, создавать всем проблемы —
моё главное увлечение.
Да, в раковине опять немытая чашка.

Так. Хватит. Где мама?

И зачем я наступил

в эту

(честно: микроскопическую)

какашку?»

КНОПКА

Она просит найти кнопку.
Смешная.
Не заметила, что мы другие?
Что ЭТО больше не работает?
Не мешая ей дурачиться
и притворяться шестилеткой,
просто замру.
Раньше бы, конечно, не выдержал:
от удивления уронил бы сразу все карандаши
или подбежал к клетке,
в которой кролик или кто там — хомяк? —
жил-дрожал.
Интересно, как сложилась его судьба?
Умер на сцене?
Постарел до жёлтых усов?
Неудачно сбежал?
Все его дёргали за уши.
Да, все.
Даже самые правильные — хоть разок.
Эх,
вернуться б в тот во всех смыслах живой уголок!
Увидеть гигантские кубики,
стенд «Времена года»,

во всю стену алфавит,
сломанный светофор,
плакат «Наша природа».
В этой (чего-то там развивающей)
тесноте мы провели целый год.
Она пыталась научить нас читать —
изобрела какой-то суперподход:
если у кого-то не складывалось слово,
она не удивлялась тупости, не орала,
а говорила: «Может, попробуем снова?»
С ней мы не узнали прописей невроз —
~~это было потом,~~
зато она рассказала про волшебную кнопку,
которую нужно нажать,
если не знаешь ответ на любой,
не обязательно заковыристый
вопрос.

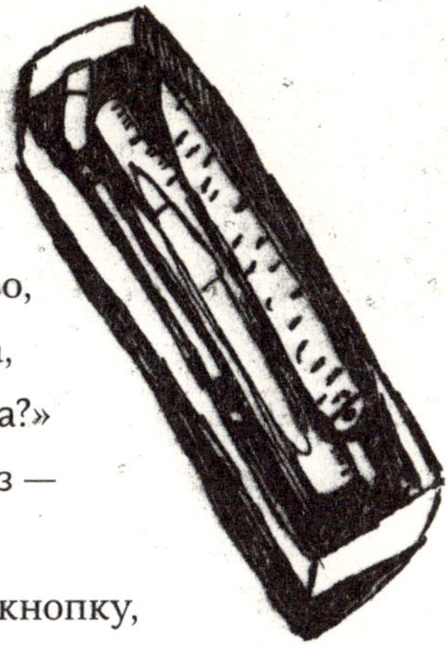

Мы нажимали на пупки,
локти, макушки.
У одних срабатывало сразу,
у других не на себе,
а на любимой игрушке.
Она разрешала выкладывать на парту не только пенал,
но и морковку для кролика.
Хм, давно я это не вспоминал.
Прям пробрало, как этого... ага, меланхолика.
Как она оказалась в нашем **КРЫЛЕ?**
Мы ж изолированы надёжно.

Наверное, несла заявление на увольнение,
а завуч такая: «Какая удача! Нет, это невозможно!
Срочно ищу замену — и тут, моя рыбка, вы.
Прямо в се́ти!
Не проведёте классный час в восьмом?
Это же, кажется, **ВАШИ** дети?»
Ей из невода деваться некуда —
потрепыхалась секунду и сказала:
«Да, конечно».
(Все на свете, даже учителя, боятся неуда.)
Войдя, сделала вид, что помнит каждого, —
хвала ей и честь.
Хотя не исключено, что так оно и есть.
Поздоровалась, как тогда:
«Котики, привет!
Белки и зайцы — тоже.
Вы, говорят, временно без присмотра?
Что молчите? На вас это не похоже.
Что случилось?
Чего такие вялые?
Давайте поиграем, что ли...»
А мы да, вроде те же самые:
звери были, зверями остались,
но с чудесами сами не заметили, как распрощались.
Никто не помнит, когда это произошло, —
это как солнце,
которое долго висело наверху и вдруг —
раз — зашло.

Она не унимается:
«А что, если все неприятности сложить
в эту секретную коробку?..»

Какая же она маленькая!

Реально —

КНОПКА.

СДЕЛКА

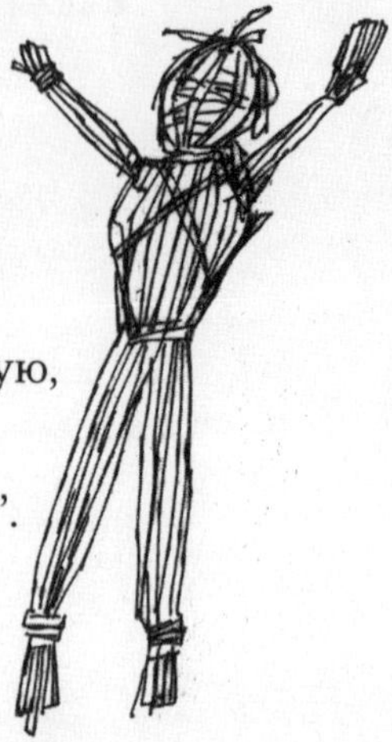

«Турбин!
Почему отсутствовал?
Я же просила!
Весь класс ~~третий раз~~ ходил на прекрасную,
просто чудесную выставку
“Народная кукла. Вековая ретроспектива”.
А ты, интересно, где был?
Что, поважнее нашлись занятия?»
Тут мне захотелось ответить:
«Да плевать я хотел на ваши **МЕРОПРИЯТИЯ!**
Никогда ко мне с **ЭТИМ** не подходите
и больше никогда по этому поводу —
будьте так любезны —
не звоните!»
Как-то раз папа так орал в телефон,
маме это не очень понравилось:
она посоветовала ему не брать трубку,
а если взял, **НЕ ЛЕЗТЬ НА РОЖОН.**
Я тоже решил **НЕ РУБИТЬ С ПЛЕЧА** —
мало ли чего наговоришь сгоряча,
к тому же **НА НОСУ** опрос & контрольная,
так что я, как мышь подопытно-подневольная,

поджал дрожащий хвост и пискнул осторожно:
«А проектом закрыть пропуск можно?»
Классная идею сразу одобрила —
правильно мы ей в открытках пишем:
«Вы справедливая и добрая».
Говорит мне и ещё трём аутсайдерам:
«Ну что же. Решение найдено.
С прогулявших —
доклад “Куклы народов мира”
и, конечно, поделка».
И, очень довольная
выгодной сделкой,
объявила: «У меня всё. Свободны!»
Все рванули на волю, а мы, обрадовавшись,
что хоть на что-то годны,
отправились мастерить.
Жаль, не по зову сердца
и не в порыве вдохновения, а чтобы получить
ЖУРНАЛА
ВНЕКЛАССНОЙ
РАБОТЫ
одобрение.

Наплевав на все источники,
а также ценные советы и методические рекомендации,
я пошёл на поводу у своих,
возможно, не самых уместных ассоциаций.
Ладно, про мотивы и муки выбора рассказывать не буду,
скажу лишь то, что принёс в школу куклу вуду,

которая произвела такой фурор,
что слава о её мастере гремит до сих пор —
то есть уже два — стоп, нет — три дня
все пальцем показывают... да, на меня.
Но такое пристальное внимание ничем не оправдано,
ведь на самом деле у меня аж два соавтора.
Первая — художница с воскресной ярмарки мастеров.
Она продавала бусы, кукол и одеяла из лоскутов.
Вот у неё я и купил мягкую
и не очень дорогую игрушку —
человеческого вида (в костюме и в ботинках)
зверюшку.
Это был какой-то грызун —
может, суслик, может, бурундук.
Так вот.
Отрезаю я ему хвост,
и тут за спиной папа:
«Чем занимаешься, друг?» —
типа, поймал за чем-то не очень хорошим,
а я, ничуть не испугавшись,
спокойно говорю:
«Предположим, что это
образец колдовского атрибута южноамериканских —
обычно перуанских — индейцев,
а также некоторых африканских племён
периода рабовладельцев,
или, проще говоря, ритуальная кукла.
Просто задали в школе».

Папа сначала нахмурился, потом заорал:
«Они там совсем с ума сошли, что ли?»
Потом он схватился за телефон —
собрался развить **БУРНУЮ ДЕЯТЕЛЬНОСТЬ,**
но я быстро успел объяснить, что это сюрприз,
ну, типа,
моя **САМОДЕЯТЕЛЬНОСТЬ.**
Папа махнул рукой и пошёл досматривать сериал,
но скоро вернулся и неожиданно сказал:
«И кого она изображать будет?»
Я сказал, что врагов у меня, в принципе, нет,
значит, проклинать некого, —
примерно таким был мой ответ.
Папа покрутил бесхвостого суслика и так, и эдак,
постучал пальцем по его ботинкам,
поправил пиджак,
внимательно посмотрел в его пластиковые глаза:
они так блестели, что, казалось,
скоро вытечет настоящая слеза.
«А если так?» — предложил он,
приложив пушистый хвост к макушке.
Это стало началом перерождения игрушки
в очень интересный объект, увидев который,
классная сказала:
«О нет!
Турбин, это как понимать надо?»
Я честно ответил: «Поделка к докладу.
Образец колдовского атрибута южноамериканских —

обычно перуанских — индейцев,
а также некоторых африканских племён
периода рабовладельцев,
или, как у неспециалистов принято называть,
кукла вуду».
Классная стукнула по столу:
«Хватит! Я это слушать не буду!»
Дав сигнал замолчать и надев воображаемые перчатки,
она положила несуслика в прозрачный пакет
(как в детективах нож, на котором остались
преступные отпечатки),
взяла меня за руку и говорит:
«Пойдём-ка к директору, он разберётся».
Ну, пришли.
Сначала неинтересно:
Пал Иваныч постоянно смотрит на часы,
а классная мнётся.
Вместо того чтобы чётко сказать, что её не устроило,
она кладёт пакет на стол и очень трагически произносит:
«Стоило...
Стоило позволить широко трактовать тему,
как Турбин, следуя не знаю чьему —
будем разбираться — примеру,
принёс вот это безобразие.
Вы меня, конечно, простите,
но это какая-то больная фантазия».
Директор морщится:
«Турбин, поясни. Что-то пока не разберусь».

Вздохнув, шпарю уже наизусть:
«Перед вами образец колдовского атрибута
южноамериканских —
обычно перуанских —
индейцев,
а также некоторых африканских племён
периода рабовладельцев...
Это кратко.
А если подробней,
то я в докладе своём...»
Директор перебивает:
«Спасибо, понятно.
Так а проблема-то в чём?»
Классная берёт за шею несуслика
и страшно шипит:
«Взгляните! Всё ж понятно сразу!»
Пал Иваныч пожимает плечами:
«Лично я вижу соседа,
который меня топил
три раза.
И вы, получается, тоже с этим типом знакомы?
Нет?! Эх!
Вас бы, Нина Андреевна, в наш подъезд старшей,
а лучше того — в управдомы.
Так, у меня пять минут.
Из района важный звонок.
Всё, Турбин, иди.
А то опоздаешь на второй урок.

И у меня к тебе большая просьба:
давай без колдунов и вампиров.
Лучше почитай про **КА-ЛЮ-МЕТ**.

Это, Ром, индейская —

перуанская в том числе —

трубка мира».

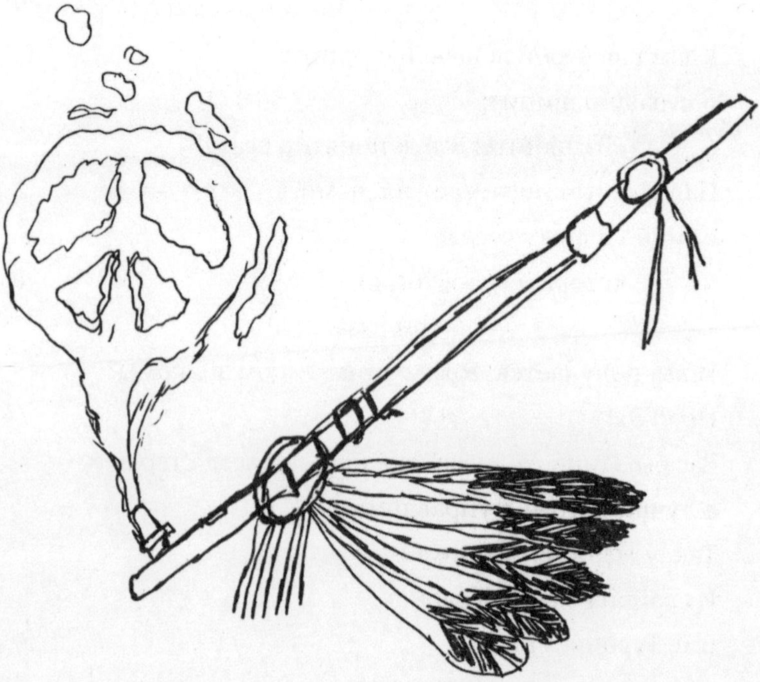

ПРИШЕСТВИЕ

ЭТО случилось неожиданно.

Можно сказать, **ВДРУГ.**

Едем мы с Марком и Сёмой в троллейбусе...

Семён на тысячу дней старше,

но тоже, в общем, друг,

только мы с ним видимся не очень часто,

потому что он живёт в центре,

а я и Марк — понятно где.

Нет, конечно, мы **МОМЕНТАЛЬНО** примчимся,

если Сёма, типа, в беде,

но обычно мы встречаемся раз в две недели.

Вот сегодня бродили не то чтоб **БЕЗ ЦЕЛИ** —

ну, не впустую по району топали,

а **УСЕРДНО**, то есть **НА СОВЕСТЬ**,

а точнее на Сёму,

работали.

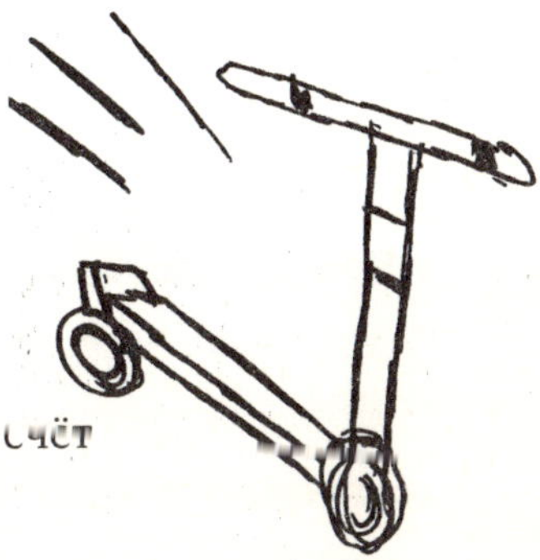

Правда.

Старались как могли.

Так что довольно быстро на Семин счёт

упали кое-какие рубли.

Думаю, таких показателей не было

ни у одного пешего курьера.

На пятизвёздочные отзывы Сёма тепло отвечал:
«Спасибо, родные!»,
«Всё для Вас!»,
«Стараюсь ради дела».
Клиенты даже не подозревали,
что идёт операция
«3 в 1, или МАТРЁШКА».
Никто не догадался,
что курицы гриль,
пончики и картошку,
а также суши-роллы,
салаты и пиццы
доставлял Семён Кошкин в нескольких лицах.

В итоге рейтинг мы Сёме прилично подняли,
но ноги так дико устали,
что дальше решили передвигаться на самокатах.
Решить-то решили, но нас не устроили
запутанные **УСЛОВИЯ ПРОКАТА.**
Бросив разгадывать мелким шрифтом
напечатанный ребус,
мы сели в самый обычный
и, кстати, почти что пустой троллейбус.
Шумно толкаясь, прошли
на заднюю площадку
и только собрались разломить из какого-то заказа
бонусную шоколадку
(награбленное лучше делить не при народе),
как **ОЧЕНЬ ПЕЧАЛЬНЫЙ ЧЕЛОВЕК** встаёт в проходе

и, держась за верхнюю пуговицу,
дрожащим голосом говорит:
«Люди дорогие!»
Но на него никто не смотрит:
мало ли кому что нужно
и у кого
что болит.

Водитель тоже без умиления —
спокойно продолжил крутить
обмотанный изолентой руль
и рекламные (про **ЕДИНЫЙ ПРОЕЗДНОЙ**) объявления.
Лица пассажиров ничего не выражали,
все как ни в чём не бывало
ехать по своим делам продолжали.
Тогда **ОЧЕНЬ ПЕЧАЛЬНЫЙ ЧЕЛОВЕК**
предпринял второй заход:
«Люди!»
(На этот раз он был намного громче
и обошёлся без «дорогих».)
«Скоро случится великий приход...»
Дальше он сложно
и довольно тревожно
рассказал, чего и кого нам всем ждать,

что заставило весь троллейбус страшно переживать.
Напророчив гадостей,
ОЧЕНЬ ПЕЧАЛЬНЫЙ ЧЕЛОВЕК, ко всеобщей радости,
выскочил зайцем,
куда-то спеша,

а в нашем троллейбусе наступила жутковатая тишина.
Реально — замолчали все.
А водитель так впечатлился пророчеством,
что пару секунд ехал не по своей полосе.
В общем, все в ауте мистическом,
только Сёма, как настоящий деловой человек,
мыслящий критически,
заорал: «Подъём! Всем встать!»
И, заржав, добавил: «Блин, как я буду после этого спать?»
Пассажиропоток сразу встрепенулся.
Кто-то застеснялся,
кто-то улыбнулся,
а дед в потрёпанном шарфе «Всё будет coca-cola!»
присвистнул: «Тридцать лет не видал такого!»
Но вообще-то это не конец истории,
а окончание предисловия.
Главное случилось на следующей остановке.
В заднюю дверь вошла...
хозяйка сумки «Я не Пушкин»
и шапки для какой-то эльфийской зимовки.
Сначала меня свела с ума шапка:
сбоку — уши,
сверху — огромный помпон,
зелёная,
конечно, из искусственного меха.
Я подумал: ну всё,
сейчас Сёму и Марка
разорвёт от смеха.

Но они были заняты: оба уставились в телефон.
Следующим ударом стали наушники,
вынутые из сумки
с перечёркнутым
и очень задумчивым
Пушкиным.

Я как баран уставился на пальцы,
которые их распутывали,
и не мог оторваться.
ВОТ ЭТО ВСЁ
меня окутывало, пугало и путало.
Я хотел порвать к чёрту закрученный белый провод:
тогда появился бы сразу повод
взамен отдать свои беспроводные.
Ещё хотел помпон
не то оторвать,
не то поправить.
Да много чего захотелось впервые.
«Ромыч, расслабься! Попаданец давно свалил, —
похлопал по плечу Марк. —
Давай готовься. Следующая наша: парк».
Я никак не реагировал, поэтому,
чтобы разбудить меня наверняка,
Марк наклонился так близко,
что его нос коснулся моего виска
(от него, кстати, неприятно пахло
краденым шоколадом).
Он нагнулся и заорал:

«Ромыч, не спим!
Нам выходить **НАДО**!
Ромыч, алё! Ты здесь или где?»
Я молчал,
поэтому Марку пришлось треснуть меня по голове.
(Я не в обиде, а как по-другому?
Как-то же надо было мне помочь выйти из комы.)
Тогда я наконец очнулся.

Мы выбежали.

Что было дальше,

не помню — туман.

А финал...
А финал как в песне (слышал однажды в такси):

«Мама,

мама,

прости,

дорогая.

Кажется,

я попал».

МОЁ

ЧАСТЬ ВТОРАЯ

ДИАГНОЗ

Десятый день противно и мучительно.
И так всё плохо, а тут ещё мама:
«Как ты относишься ко времени?!
Просто возмутительно!
Если бы вручали
ПРЕМИЮ
ЛЕЖЕБОКИ,
ты бы занял весь пьедестал».
Папа намного резче и покороче:
«Не надоело валяться?
Ты своим бездельем достал!»
А я и сам себе — таинственный
и обездвиженный — неприятен.
У меня нет ни кашля,
ни температуры,
ни подозрительных на голове и животе пятен
(то есть симптомы полностью отсутствуют
или временно невидимы),
но почему-то сил хватает только на просмотр
ПРИКОЛЬНЫХ
СВЕЖИХ ВИДЕО.
Реально — какая-то лежачая гонка на выживание.

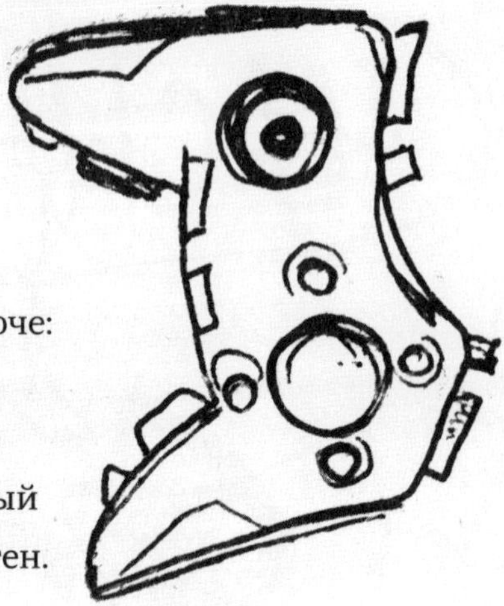

Причина, скорее всего, в тяжести заболевания,
но саму болезнь не распознал ни один специалист.
Папа сразу сказал: «Нестрашно»,
но мама не согласилась:
«Ты везде, где не надо, оптимист».

Дальше пошло-поехало: утром — талоны,
очереди, анализ на яйцеглист.
Вечером — с калиной и мёдом
восстанавливающий иммунитет чай.
В общем, началось самолечение
и бесполезное хождение по врачам.
Даже разорительное исследование
в **ДИАГНОСТИЧЕСКОМ ЦЕНТРЕ** было напрасно:
гемоглобин в норме, рефлексы в норме,
кровь циркулирует прекрасно.
Доктор, подписывая справку, подмигнул
(бабушка бы сказала, НАХАЛЬНО):
«Ну, пусть недельку — больше не могу —
прокрастинирует официально».
И, ухмыльнувшись, с размаху поставил на справке печать.
ДОКУМЕНТ,
ПОДТВЕРЖДАЮЩИЙ ПРОПУСКИ,
срочно отправили в школу,
а меня, как любого больного, — в кровать.
Сначала ко мне относились уважительно.
Не было вот этого всего —
БЕЗДЕЛЬНИК-ВОЗМУТИТЕЛЬНО-НЕПРОСТИТЕЛЬНО.

Может, потому, что пару ночей кричал,
выдавая тщательно скрытую боль:
«Александр Сергеевич,
срочно снимите зелёную шапку!
На линии — эльф-контроль!»
Потом сон вернулся, бред сошёл на нет —
ни одного слова не осталось.
Лёгкое сумасшествие
заменила приятно-неприятная вялость,
мысли стали нечёткими,
можно сказать, расплющенными.
И тут же навалились многочисленные д/з
и параграфы пропущенные.
Но мне было не до них —
такую ерунду я не замечал
и на вопрос «Когда сядешь за уроки?»
демонстративно не отвечал.
Правда, попытался объяснить,
что, если бы не бегающие по затылку мурашки,
давно бы всё сделал.

Но понимание, сочувствие
и поддержка прошли мимо.
Терять было нечего:
я лёг на пол, укрылся папиным плащом —
получилось довольно мило.
Под ним тихо, немного душно и темно —
идеальное место,

чтобы в который раз представить,
как я **НЕ** выхожу у парка,
а, не обращая внимания ни на Сёму, ни на Марка,
остаюсь в том троллейбусе.
И мало того что остаюсь, так ещё сажусь рядом с **НЕЙ**.

Усевшись, уверенно говорю:

«Привет, я Андрей!

Но, вообще-то, Рома».

Она смеётся.

Мы долго едем до её остановки,

потом медленно идём до её дома...

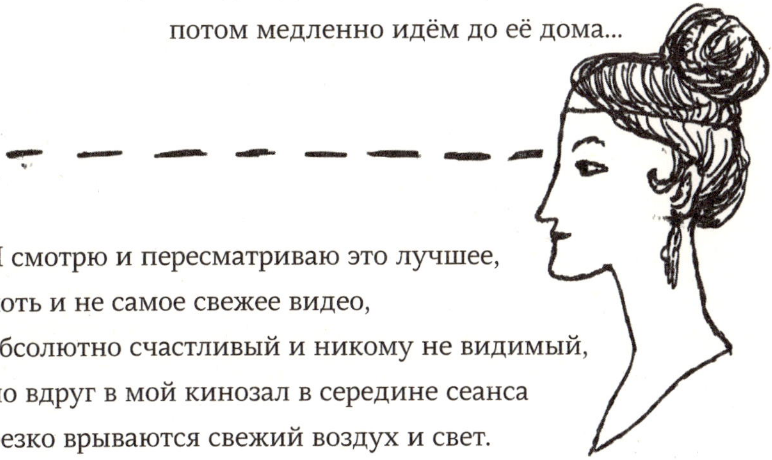

Я смотрю и пересматриваю это лучшее,
хоть и не самое свежее видео,
абсолютно счастливый и никому не видимый,
но вдруг в мой кинозал в середине сеанса
резко врываются свежий воздух и свет.
Я, как недовольный зритель,
который не умеет свистеть, вскакиваю и ору: «Нет!»
Мама тревожно смотрит на папу:
«Может, сделать ещё одну томографию?»
В тишину врывается писк сообщения:
«Напоминаю про контрольный срез по географии!»
Он как будто не слышит.
Молча вешает плащ в шкаф.

Что сделать, чтобы все они отстали?

Поменять статус на

«L_

O_

V_

E_»

?

ПО СЛЕДУ

Всё-таки Марк правильно определился
со своим будущим:
там он точно ЮРИСТ.
Увидев меня, сразу всё понял и строго сказал:
«Давай, рассказывай»~~, положив передо мной ручку~~
~~и чистый А4 лист.~~
Я немного помялся, а потом думаю:
«А чего мне терять?
В такой ситуации должен же
хоть кто-то выслушать и понять».
Пусть лучше это будет Марк, чем интернет,
которому сгоряча предложу дико грустную балладу.
Всё помню: в Сеть
НИЧЕГО ЛИЧНОГО ВЫКЛАДЫВАТЬ НЕ НАДО.
И пока до этой крайности я не дошёл.
Признался. Выложил все подробности.
И боялся услышать:
«Не парься! Не придавай значения!»
Но Марк понимающе вздохнул и, запинаясь, сказал:
«Надо это... Как там... Выяснить отношения.
На что рассчитывать, нужно сразу понять,
Иначе полгода ~~не будешь делать уроки,~~
только разной фигнёй страдать.

У меня было такое.

Кажется, в лагере.

Нет, в шестом классе.

Ты её не знаешь, это ещё в той школе.

Но история похожая.

Звали Тася...

Я тогда многим —

точно знаю — нравился,

а она...

Когда напрямую спросил, прикинь,

засмеялась.

Жёстко, короче. Еле справился».

На этом месте Марк погрузился в тяжёлые воспоминания,

и, чтоб он в них не утонул,

мне пришлось напомнить о своём существовании:

«Может, я не так объяснил,

но с твоей историей ничего общего,

кроме трагичного итога.

Ок, давай по фактам — их не так уж и много.

Итак, имя: здесь пусто.

Возраст: плюс-минус одноклассница.

С особыми приметами тоже не густо.

Главные: ушасто-зелёная шапка и экосумка с поэтом...»

~~Юрист~~ Марк сразу встрепенулся:

«Отлично. Давай сосредоточимся на этом.

Сначала найдёшь, а потом разберёшься,

нужно тебе **ЭТО ВСЁ** или как-нибудь обойдёшься.

Предлагаю начать с сумки...»

По его сверхкреативной задумке,
мы должны были найти место, где она продавалась.
Искали недолго.
На сайте **«ТВОЙ УНИКАЛЬНЫЙ ШОППЕР»**
точно такая в разделе «ЕГЭ на 100» оказалась.
В продаже был и тот самый Непушкин,
и Лев Толстой без бороды и с советом «Будь проще!»
(также присутствовал вариант с бородой,
подписанный
«Я не тощий») —
там ещё было много кого из кабинета литературы.
Отзывы оставляли такие:
— всё отлично;
— разошлись швы;
— заказываю не в первый раз;
— отвратительные карикатуры.
Как мы ни искали,
среди них ничего ценного не повстречалось.
Надеялись наткнуться на фото примерки,
но оно,
понятно,
нам не попалось.
В общем, ни пятьсот двадцать семь отзывов,
ни единственный **ПРОДАВЦА ОТВЕТ**
никак не помогли нам выйти на след.
Просмотрев на всякий случай **ОПИСАНИЕ ТОВАРА**
(сумка с авторским принтом, хлопок сто процентов),
Марк признал провал первого эксперимента

и, захлопнув несуществующую (№ 1) папку,
завёл новую (№ 2) и стал раскручивать другую улику —
зелёную (анти)меховую шапку.
Я дал её подробное описание голосовому поиску —
вложил всю душу,
но на картинках вылезли мегатонны Шрека
и карнавальные костюмы лягушек.
Марк, оценив результаты, предположил,
что шапка особая, не исключён hand made,
и, вспомнив про воскресную ярмарку мастеров,
тут же организовал рейд.
Конечно, продавщица сусликов в ботинках была нашей
главной надеждой —
она должна была знать всё про странную одежду.
Слушая описание шапки,
она нервно теребила свой лечебно-магический браслет.
Когда я закончил говорить —
оглянулась и задумчиво сказала: «Нет.
Здесь точно ничего такого не предлагается.
Может, что-то другое?
Вам на подарок?
А вам эта кукла не нравится?
Если из недорогого, то есть из фетра снежинки.
Ещё сейчас хорошо идут валентинки.
Перед праздником пользуются большим спросом».
Она как будто забыла,
что к ней обратились
с конкретным вопросом, —

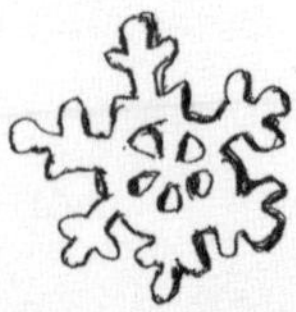

продолжала рекламировать своё творчество так подробно,
что уходить без покупки стало уже неудобно.
Так что, помявшись немножко,
мы скинулись на сердечко с открывающимся окошком.
«Какое имя пишем? Каким цветом?
Кстати, есть маркеры с ароматом,
то есть буквы могут пахнуть
ванилью,
корицей,
лимонадом.

Если не хотите, можно просто с блёстками
или перламутром».

У меня от этого ярмарочного тарахтения
в голове стало мутно.
А Марк — молодец, не растерялся.
Опустил голову и грустно признался:
«Имя, к сожалению, пока не знаю».
Художница улыбнулась: «Бывает. Понимаю».
Положив безымянное сердце в микропакет,
она добавила светло-зелёный фломастер.
«Это самый модный запах и цвет.
Держи.
Имя впишешь потом».
Марк благородно поклонился
и передал мне пакет тайком.
До остановки шли молча.
Когда мне становилось совсем плохо —

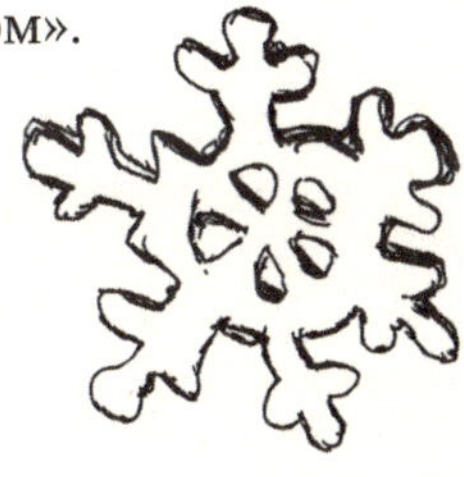

в глазах темно, в ушах вата, —
я доставал фломастер, снимал колпачок

и вдыхал свежую

и страшно

горькую

мяту.

НЕ ТО

Утро началось с оглушительного лая:
с цепи рвался соседский Персей —
старый, хромой, непонятного цвета,
никогда не перегорающий индикатор
непрошеных гостей.

Обязанности Перса просты:
круглосуточный сон и охрана дачи —
с этим он неплохо справляется,
иначе
не получит два призовых ведра.
В первом —
СОЧНЫЕ КУСОЧКИ ДЛЯ ВАШЕГО ПИТОМЦА
(куриные лапы, ~~жёлуди,~~ картофельная кожура),
во втором — ледяная вода прямиком из колодца.
Награды раз в три дня вручает хозяин — строго,
без соплей, **ПО-МУЖСКИ,**
предварительно проверив засов на сарае,
а также навесные и врезные замки.
Всё жду, когда он подведёт ток к забору,
но пока безопасно — перелезаю без проблем.
Правда, все мои попытки освободить Перса,
к сожалению, закончились ничем.

В это трудно поверить,
но, исчезнув на пару дней, он всегда возвращался.
Я бы на его месте с радостью со всем этим
(грязными вёдрами и сумасшедшим мужиком)
распрощался.
С другой стороны, далеко ли убежишь без денег,
~~собачьего~~ паспорта
и надёжного личного транспорта?
Обязательно же окажешься в ориентировке
или на пункте фейсконтроля.
Скорее всего, Персей рассуждал так:
«Безусловно, воля лучше неволи,
но никуда не денешься.
Такая уж мне выпала доля...»
Надёжная цепь и гарантированное питание
перевесили случайные обеды
и приключенческие скитания.
Взвесив все за и против,
Перс решил остаться пленником,
чем оказаться про́клятым в пяти поколениях
изменником.
Интересно, у него есть дети?
Ну, разбросанные по миру щенки?
У папы, например, двое:
я и двадцатилетняя Настя.
Не сказать, что мы сильно близки,
но общаемся вежливо и ровно:
приветливо-немногословно.

При встрече вяло обсуждаем папу,
музыку, кино
и ближайшие планы.
Обычно во всём совпадаем —
так и не скажешь,
что у нас разные мамы.
С Настиной я, кстати, не знаком —
она меня в гости не приглашает,
зато Настя к нам раз в год
(а бывает, и два)
приезжает.
Обычно она гостит полтора дня —
больше не получается.
Программа одна и та же,
но Настю всё устраивает,
не приедается.
Главные пункты:
— фотки у синих домиков,
— ~~получение денег,~~
— семейный обед.
Если погода нормальная, я даю ей свой
(горный, между прочим)
велосипед.
Вот так
(скучно и мирно)
было до сегодняшнего дня.
И Перс, кстати,
на **ПАПИНУ ДОЧКУ** раньше не лаял никогда.

Сегодня его вывел из себя её новый **ДРУГ** Миша
(ужасно худой, тоже второй курс архитектурного,
конкретно на две головы выше).
Вот из-за этого... этого пришельца
я реально чуть не получил разрыв сердца.
Всё началось с маминого подхода к окну:
«Может, что-то случилось?
Ничего не пойму».
Кого-то разглядев, она воскликнула:

«Ой! К нам гости!
Персик лает не зря».
Я немного напрягся.

Мама продолжала интриговать:
«Кажется, нас решили навестить
ОН и ОНА.
Один гость известен,
а вот другой...»
В этом месте меня будто смыло бурлящей рекой.

Сейчас немного стыдно за глупость,

тупость,
не знаю,
порыв —
короче,
за тот момент,
когда внутри меня произошёл
взрыв.
Голову отключило полностью.

Ошеломлённый невероятной новостью,

я метнулся закинуть носки под кровать,
закрыть шкаф, расправить покрывало —
за какую-то минуту навёлся порядок,
которого моя комната сто лет не видала.
На столе вместо очисток мандарина разместил кактус —
это сразу добавило уюта.
Сейчас думаю: «Что за бред!» —
но тогда я правда ждал чуда.
В заблуждение ввели загадочные
«ОН/ОНА»
и мамина игривая реакция:
я решил, что Марк обнаружил главную улику
и успешно провернул поиско́вую операцию.
Причём он не только нашёл пропажу,
но благодаря своим
непревзойдённым
коммуникативным
способностям
взял её под стражу
и, пообещав увлекательное путешествие
к самому редкому в мире кактусу,
вместе с собой доставил по нужному адресу.

Когда открылась дверь,
никакого чуда не случилось.
Сердце напрасно
стучало,
колотилось,
выпрыгивало,
билось.
В дом вошли совершенно не те,
кого я так ждал.
Решив не пугать гостей
возможными слезами
или внезапным стоном,
я, не поздоровавшись, ушёл к себе.
С грохотом закрылся.
Лёг.

Где-то далеко бормотали фоном:
«-каникулы-супер-жаль-завтра-в-универ-
-жили-в-горах-снимали-домик-
-в-районе-водопадов-и-пещер-
-всё-понравилось-
-но-на-рафтинге-намочили-телефоны-
-мой-точно-сдох-
-Мишин-пока-не-понятно-
-а-что-кстати-с-Ромой-
-чего-это-он-такой-дерзкий-
-обычно-сто-извините
-после-каждого-чиха-

-хотя-

-в-четырнадцать-

-все-

-ну-почти-

-все-

-психи».

СЕНСОР

Негостеприимная выходка оказалась так себе акцией.
Поняв, что ситуация достигла кульминации,
я решил, что пора объяснить,
почему больше двух недель не в себе:
расчесался,
надел тапочки и,
шаркая, как тяжелобольной,
вышел к семье.

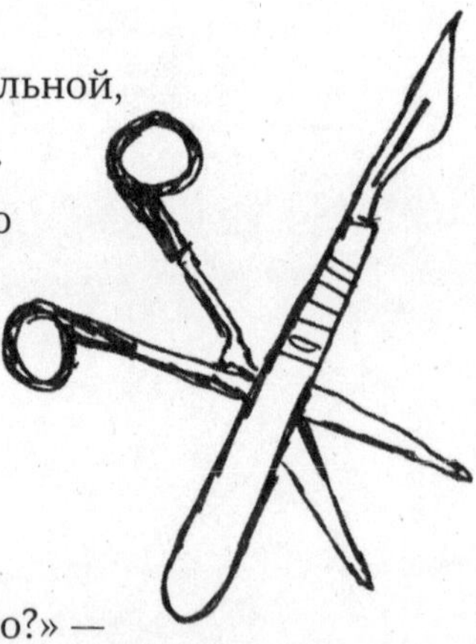

Только чистосердечному признанию
помешал папа.
Он, как типичный ~~бывший~~ хирург,
решил действовать **НАХРАПОМ**.
«Самому не надоела эта клоунада?
Может, хватит?
Может, больше не надо?» —
строго спросил он~~, подыскивая нужный скальпель~~.
На его лбу блестели несколько крошечных капель,
но в нашей операционной вытереть их было некому.
«Не нахожу ничего общего с Джокером, —
сказал я зеркалу. —
Хотя...
Затравленный взгляд, жестокая ухмылка,

непростое детство...»
«Прекрати свои ужимки!
Не думаю, что они сейчас уместны!» —
потребовал папа,
внезапно
сорвавшись
на крик.

Выслушав претензии
(снижение успеваемости, свинарник в комнате),
я схватил с вешалки пуховик и, мысленно произнеся
парочку не самых грязных ругательств,
гордо покинул родительский дом.
Размышления о том,
хорошо это или плохо,
я отложил на потом.

Поступок был необдуманным, возможно, глупым,
но решительным.
Последнее, что услышал, — мамин крик:
«Зачем орать? Он такой чувствительный!»
Да, мам, я сенсор. Неисправный тачскрин.
Не реагирую ни на правильный отпечаток,
ни на знакомый логин.
Или вдруг отмораживаюсь,
то есть к просьбам и командам абсолютно безразличен,
или наоборот —
суперактивен,
непредсказуем,
хаотичен:

внезапно скачиваю опасные приложения,
без команды рассылаю откровенные признания
или грязные оскорбления.
Реакции странные,
неожиданные,
нелогичные,
идиотские,
непросчитанные,
комичные.
Что делать?
Пока не понятно.
Многолетняя гарантия закончилась,
инструкция потеряна безвозвратно.
Все рекомендованные меры приняты:
диагностика,
перезагрузка,
калибровка,
установка защитного стекла,
блокировка.

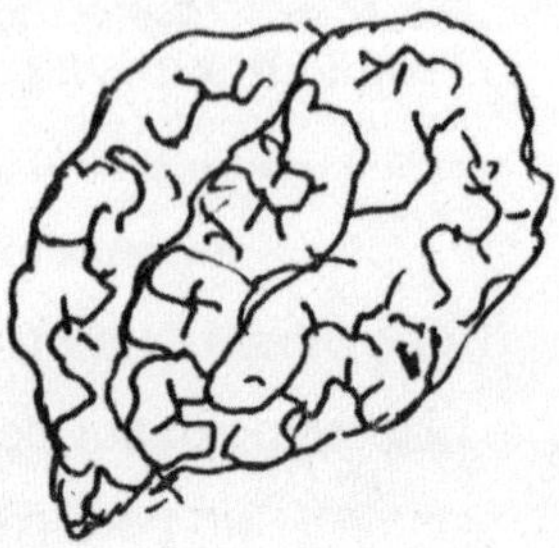

Ничего из этого не помогло, значит,
придётся **МЕНЯТЬ МОЗГИ.**
Но что тогда останется от меня... —
размышлял я, наматывая вокруг дома круги
(не идти же в лес в тапочках, я ж не совсем того).
Мысли быстро закончились,
носки не грели,
вокруг не было никого,
так что, как бы сейчас это ни было неприятно,

пришлось с опущенной головой вернуться обратно.
Возврат, между прочим, никого не впечатлил.
Я, конечно, не ждал, что папа обнимет, зарыдает:
«Прости за грубость, **СЫН!**» — это всё лишнее,
можно было просто кивнуть,
но ничего такого не случилось,
поэтому я решил нормально обуться-одеться
и продолжить в никуда путь.
Заправив шнурки и проверив карманы:
— ключи,

— проездной,

— телефон,

— наличка (двести рублей), —
я вышел на крыльцо, вдохнул побольше воздуха,
затем подошёл к забору и как можно громче
прокричал в щель:
«Прощай,

дорогой

Персей!»

НЕ ПАРА

До пункта назначения добрался без проблем:
быстро,
бесплатно,
законно —
как-то обошёлся без мутных схем.
Не потребовался ни багажный отсек
дальнемагистрального лайнера,
ни скучающий дальнобойщик,
ни пыльный почтовый вагон.

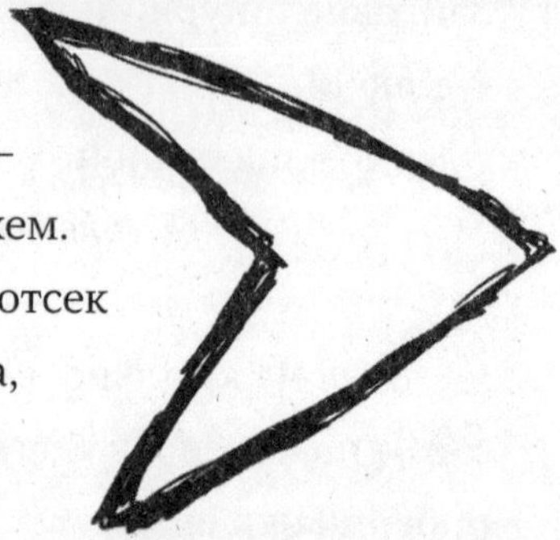

Подробности дороги не помню.
Просто шёл куда-то, шёл
и вдруг наткнулся на очень знакомый дом.
Принимающая сторона
(или просто Марк)
о моём визите не знала,
однако без лишних расспросов
предложила орешки,
банку **СИЛЬНОГАЗИРОВАННОГО** напитка
и половину дивана.
Нет, вопрос всё-таки был:
«Чё, позвонить забыл?»

Я, измотанный горьким одиночеством и быстрой ходьбой,
вместо ответа многозначительно махнул рукой.
Марку этого было достаточно.
Ситуацию раскусил сразу:
«Понял. Проблемы.
Отобрали телефон. Наказан».
Я хотел объяснить, что это не совсем так,
но вместо этого три раза икнул.
Как только диафрагма успокоилась,
тихо спросил: «У тебя пока можно?»
Марк как-то неопределённо кивнул.
«В принципе, да.
Но на ночёвку не рассчитывай, —
объявил он безжалостно. —
Всё остальное —
ты меня знаешь —
пожалуйста».

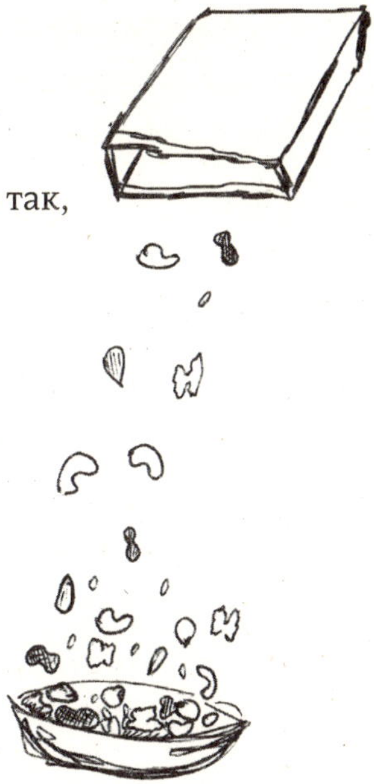

Досыпав в блюдце орехов, сел рядом.
«Кстати, мне тебе кое-что показать надо».
Он наклонился к обувной коробке, стоящей у дивана.
Но, коснувшись крышки, как ошпаренный отдёрнул руку:
«Блин! Забыл позвонить маме».
С этими словами Марк вышел в соседнюю комнату,
и, пока там мычал:
«-нет-вопрос-пока-не-решил-
-да-про-обещание-помню-ничего-не-забыл-»,
я продолжил пить **ВЗРЫВНОЙ ЦИТРУС**
и жевать немного горький фундук.

Всё было отлично, но коробка зашевелилась вдруг,
потом внутри неё раздался осторожный стук.
Дальше было так:
от коробки отлетела крышка,
вслед за которой выскочила обглоданная шишка.
Наконец, из коробки вылез испуганный
серо-жёлтый тушкан.
«Э-э-э! Руслан!
Стоять! — скомандовал Марк. —
Слышишь? Быстро домой!»
Тушкан замер, задумался, повертел головой
и~~, положив шишку под мышку,~~
послушно отправился обратно.
Марк вздохнул:
«Ну, хоть этот ведёт себя адекватно».
Я удивился:
«А есть кто-то помимо него?»
«Ага.
Ещё Люся.
Его не продавали одного», —
пояснил Марк,
закрывая за Русланом крышку.

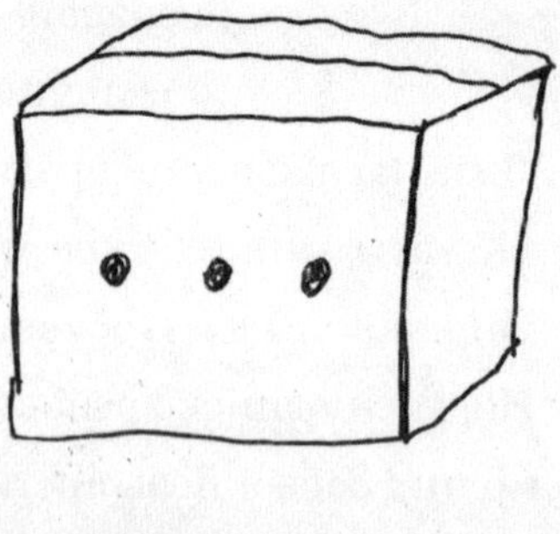

Пока я размышлял о том, что два грызуна —
это слишком,
постепенно восстановилась событий цепочка.
«Вообще не помню, как мы забрели в эту “ЗООточку”,
и не понимаю, зачем купили этих...
Это всё Сёма, ну, ты знаешь его идиотские шутки».

Вот так некрасиво Марк открещивался

от импульсивной покупки.

Чтобы он совсем не утонул, я перебил:

«Что за вид?»

«Ты про название? — уточнил Марк. —

Чилийская белка.

Слушай, это... Без обид...

Короче, мне не разрешили. Заберёшь?

Ты это...

Когда примерно домой пойдёшь?

Хоть приблизительно?

Просто надо, чтобы их

(показал на коробку) не было к девяти.

Не выпускать же в лес?

Сам посуди».

Посмотрев на часы, Марк прекратил ныть

и переключился на агрессивную рекламу

(чего только не сделаешь, чтобы порадовать маму):

«Соглашайся, забудешь про стресс, проблемы.

Ты ж биолог. Звери — чё там ещё? — птицы, рыбы...

Твоя же тема.

Понаблюдаешь, проведёшь с ними опыты...»

Только он это предложил,

как мы оба вздрогнули от грохота:

на пол рухнул вместе с занавесками карниз

и гостиную оглушили писк, щебет и визг.

Я мрачно пошутил:

«Кажется, Люся чем-то недовольна».

«Да. Вышло прикольно», —
ещё мрачнее сказал Марк и, нахмурившись,
подошёл к месту карнизокрушения.
Осмотрев разгрыз, он принял окончательное решение.
«Значит, так.
Я сейчас её приманиваю —
видишь, прячется в складке? —
и возвращаю к Руслану,
а ты сразу забираешь.
Хорошо? Как кормить, там написано.
Блин, лучше б купил игуану.
Там, кстати, не только Сёма с толку сбил,
но и продавец технично обработал.
Затёр, что по одной не продаёт: типа, они неразлучники,
    им нужна нежность и забота.
А они вместе просто никак.
    Друг друга вообще ненавидят.
Ты с этим обязательно разберись.
У меня без вариантов.
Мне и так сейчас башку за занавески отвинтят».
Итак, ровно в 20:55 за дверь были выставлены я
    и шебуршащаяся коробка.
        «Спасибо, Ромыч, выручил», —
            прошептал Марк робко.
Я почувствовал себя героем,
спасителем,
настоящим рыцарем,
пусть и без доспехов.

Чуть позже пришло понимание,
что я просто путник,

заплативший за приют на диване

и пачку

прогорклых

орехов.

ЗА ВОЛЬЕРОМ

Живую коробку доставил

ОТ ДВЕРИ ДО ДВЕРИ.

Груз (или, как говорит Марк, звери)

прибыл в целости и сохранности.

Родители, видимо, договорились не обращать внимания

на причуды и странности:

увидев питомцев,

одновременно натужно улыбнулись,

про

ЧТО ЭТО?

ОТКУДА?

КАКОГО ЧЁРТА?

ЗАЧЕМ?

даже не заикнулись.

Думаю, не обошлось без

Полезных

Советов

Родителям

Школьников.

Мама сама никогда бы не предложила:

«Надо у соседа купить клетку или вольер.

Он, кажется, разводил кроликов».

А папа не гладил бы Люсю между ушей
и не рекомендовал бы насыпать опилки посвежей.
Гости, кстати, вели себя прилично:
рассказы о том, что они дерутся
и запросто перегрызают карнизы,
звучали бы неправдоподобно и фантастично.
К моему огромному удивлению,
белко-тушканы, обнявшись, мирно сопели.
Я не стал успокаивать себя мыслью, что,
пока нёс их домой, они подружиться успели.
Апатию и вялость я связал с переохлаждением в дороге,
но информация
            о средней температуре
                        чилийской зимы мигом
                                    избавила от тревоги:
интервал был приемлемый —
от плюс трёх до пятнадцати, так что для Руси и Люси
наш февраль не мог стать невероятной внезапностью,
жестоким метеошоком, неприятным сюрпризом.
Хотя, скорее всего,
они не имеют никакого отношения
ни к острову Пасхи,
ни к Вальпараисо.
Но на всякий случай я поставил их коробку
            неподалёку от батареи,
сам поспешил в кровать:
            хотелось уснуть как можно скорее.
Я так устал, что завалился прямо в одежде.

Узнать,
что по этому поводу думали Родители Школьника,
не было ни капли надежды —
мама и папа мгновенно уснули,
вымотавшись не меньше меня.
Запомним этот бесконечный день:
суббота, пятое февраля.
Как я ни старался, отключиться не получалось,
хотя одновременно наблюдались и физическая,
и эмоциональная усталость:
для крепкого сна были все предпосылки,
но чего-то не хватало — какой-то главной гиперссылки,
ведущей в прекрасное забытьё.
Я старался как мог.
Честно, перепробовал всё:
— считал овец
(у них почему-то были лица Насти и Миши),
— представлял себя каплей в ручье,
— ~~пылинкой внутри пылесоса,~~
— небрежно перекладывал черепицу на чьей-то крыше.
Под одеялом шла настоящая борьба за выживание.
Когда я понял, что никогда больше не усну,
пришло спасение — вспомнилась
РЕКОМЕНДАЦИЯ ДЛЯ БЫСТРОГО ЗАСЫПАНИЯ.
«Лёгкая разминка на свежем воздухе перед сном —
отличный способ лечения бессонницы,
а бега трусцой поклонники и поклонницы
получат **АБСОЛЮТНО** бесплатную

кардиотренировку в придачу...»
Что-то такое выдал мой мозг, процитировав
«За ваше здоровье!»
телепередачу.
«Ок, пару раз попрыгаю и обратно пойду», —
сказал я себе и, в который раз за сутки накинув куртку,
вышел в кромешную тьму.
Небо было, как и положено, чистое и звёздное —
такое ошеломительное,
что в голову полезла всякая ерунда несерьёзная.
Например, возникло желание сложить замёрзшие ладони
в рупор
и шумно выдохнуть,
выпустив чёрную печаль
и белый пар в мерцающий купол.
Неподалёку что-то тихо звякнуло.
Для сверчков был не сезон.
Прислушавшись, я понял:
это цепь Персея — наверно, дёргался,
пока смотрел сон.
Неожиданно я вспомнил мамины слова про вольер...
Да, когда перелезал через забор,
я был не лучший пример
уважения к чужой собственности
и к своей, кстати, тоже:
во время ограбления порвал пуховик
плюс нарушил целостность эпидермиса
в области переносицы (поцарапал рожу).

Но я не чувствовал боли,
не слышал Голос Совести и даже Разума Крик.
Вернувшись,
я пересадил залётных чилийцев в клетку
и, рухнув в кровать, заснул.

Моментально.

За секунду.

Вмиг.

ВСЁ

«Ура, воскресенье!» —
подумал бы я раньше
и, зевнув во всю пасть, спал бы себе сладко дальше,
уверенный в том,
что никто не разбудит в семь утра
и ~~пинками~~ не вытолкнет к школьному автобусу
(всегда удивляюсь этому факту,
как в первый раз увиденному фокусу).
Но сегодня воскресный шаблон неожиданно сломался:
я не валялся до обеда
и никаким календарным чудесам не удивлялся.
Около девяти меня разбудил то ли чей-то визг,
то ли приступ головной боли.
Я осторожно открыл глаза,
ещё осторожней приподнялся
и, удивившись орущим грызунам в ободранной клетке
и подушке в пятнах крови,
крепко зажмурился, потом тщательно растёр уши.
Но от этих мер мне не стало ни капли лучше,
поэтому пришлось действовать по-другому.
Для начала пробежался по опустевшему дому.
Это помогло — я почувствовал небольшое облегчение.

Затем взял паузу,
чтобы поковыряться в твороге
и ознакомиться с непрочитанными сообщениями:
МЫ УЕХАЛИ.
ЗАВТРАК НА СТОЛЕ. БУДЕМ НЕ СКОРО.
ТЫ СЛУЧАЙНО НЕ ПОТЕРЯЛ КЛЮЧИ ОТ ДОМА?
НЕТ. ОНИ В КАРМАНЕ, —
написал я маме в ответ.
Она явно обрадовалась:
ТОГДА ЗАКАЖИ СЕБЕ ПИЦЦУ НА ОБЕД ☺
Переписка на этом закончилась.
Настало время ~~пить чай и~~ принимать по-настоящему
трудные решения.
Ненадолго погрузившись в неглубокие размышления,
я сказал: никаких разрушительных истерик
и прогулок полуночных.
Давно пора вернуться в науку
(продолжить исследование беспозвоночных).
Ещё нужно **СОБРАТЬ ВОЛЮ В КУЛАК**
и решить вопрос со школьными долгами.
И найти в себе силы,
которые помогут расстаться
с Зелёной Шапкой...
с мечтами.
Возвращение к нормальности прошло по-деловому,
обошлось без волшебной палочки.
Если подробно, то:
я отправил в стирку окровавленную наволочку,

заклеил рану на лбу пластырем (крест-накрест),
сформировал заявку в **ЛЕТНЮЮ БИОШКОЛУ**
(поток июль/август),
объявил белкам, что им придётся вернуться
в «ЗООточку», а оттуда, возможно, в Чили.
Да, я писал сочинение
«Мы в ответе за тех, кого приручили»,
но, во-первых, я никого не ~~покупал~~ приручал.
Во-вторых, как сказал Марк:
«Было бы лучше, если бы я их в лес прогнал?»
Руслан и Люся, кстати, ничуть не возмутились —
не стали издавать умоляющий писк
и от страха в угол не забились.
«Что ж, нам пора», —
объявил я им и снял пуховик с вешалки в прихожей,
но тут же понял,
что из-за огромной дыры на спине
ВЫХОД В ЛЮДИ
категорически невозможен.
Порывшись в шкафу,
я остановил свой выбор на папином изумрудном плаще.
То, что он уж слишком оверсайз,
меня не беспокоило вообще.
Больше меня волновал другой вопрос:
«Зачем он его купил,
если никогда, **ВОТ НИ РАЗУ** в жизни его не носил?»
Наверное, схватил на автомате —
в примерочной кивнул знакомому отражению

в зелёном хирургическом халате
и рванул на кассу.
Там, сказав: «Спасибо, пакет не нужен»,
— быстро оплатил.
Придя домой, развернул, ужаснулся, конечно,
      и тут же забыл.
Уверен, цепочка была примерно такая.
А что там было на самом деле, точно не знаю.
Но это всё было совершенно не важно,
как и то, что плащ напоминал операционную униформу.
Он меня реально выручил.
Правда, был тонковат, и, чтоб не замёрзнуть,
пришлось под него надеть толстый белый свитер
с оленями и **ГОРЛОМ** —
странная и непонятно откуда взявшаяся вещь
есть у любого из нас, просто надо верить,
что и для неё когда-нибудь наступит звёздный час.
«Что ж, нам пора», — произнёс я опять.
Белки переглянулись —
наконец-то начали кое-что понимать,
но для возражений было поздно —
хоть кричи, хоть молчи.
Я переложил из кармана куртки в карман плаща
двести рублей,
      телефон,
            проездной, ключи,
крепко взялся за ручку клетки и отправился
делать **ВОЗВРАТ**.

Не знаю, может, показалось,
но, кажется, в зеркале мне подмигнул

усталый,

невыспавшийся,

раненный в голову

медбрат.

ПОЦЕЛУЙ

«Товар не мой.
Клетка точно», —
сказал заметно распсиховавшийся
хозяин «ЗООточки».
Мой уверенный кивок сбил его с толку.
Конечно, он ждал, что я заору:
«Верните деньги!» —
а я, откинув с раненого лба чёлку,
протянул ему
карточки с именами белок,
рекомендации по кормлению и уходу,
рекламу аквапарка —
короче, всё барахло
из **ТОЙ САМОЙ КОРОБКИ МАРКА.**
«Клетка, верно, не ваша», —
согласился я.
И, бросив взгляд на бейджик, добавил:
«Моего папу тоже зовут Саша».
Александра ~~Второго~~ это не растрогало:
«И что теперь?
Я тут при чём?
Буквы понимаешь?
Или вместе прочтём?»

Не дожидаясь ответа,
меня взяли за локоть и подвели к объявлению:
«Большое спасибо за покупку!
К сожалению, согласно Конвенции и Кодексу,
ВОЗВРАТ ПИТОМЦЕВ
ЗАПРЕЩЁН».
Убедившись, что я прочитал последнее слово,
хозяин развёл руками:
«Как видишь, всё по закону.
Мы тут ни при чём».
Люся и Руся в этот момент возмущённо зашумели,
наверное, к родне возвращаться не хотели,
а я, ещё раз пробежав глазами по объявлению,
заметил гиперважное добавление:
«В принципе, можно, но штраф в двойном размере!»
Оно было написано от руки, очень мелко.
В воздухе запахло не только рыбьим кормом,
но и выгодной сделкой.
Я огляделся.
Нужный вольер был обклеен тремя листами.
Первый: **ЧИЛИЙСКАЯ БЕЛКА**
Второй: **1 ШТ. 500 РУБ.**
Третий: **ЧИЛЬСЯ ВМЕСТЕ С НАМИ** ☺
«То есть компромисс возможен?» —
спросил я, ткнув в рукописную строку,
с горечью понимая,
что ни выкуп,
ни дань заплатить не смогу.

Хозяин буркнул: «Да, две тыщи, и расходимся.
Давай быстрей. Полчаса как хороводимся».
В данной ситуации
правильно было бы отправить расчёт Марку,
но я (сам себе удивляясь)
решил **ДЕРЖАТЬ МАРКУ.**
Оттянув воротник свитера, заявил отважно:
«На мой взгляд, нарушены условия продажи.
Сумму штрафа — несомненно незаконного —
я бы пересчитал».
Не отвлекаясь на поднимающиеся брови Александра,
я продолжал:
«Дело в том, что, во-первых,
вы не проинформировали о необходимости купания
в вулканической пы́ли...»
Хозяин нахмурился:
«Это где тебе так мозги промыли?»
Вопрос был риторическим, поэтому остался без ответа.
«Возмутительно,
что клиенту не было дано ни одного дельного совета
относительно...
(Тут немного сбился, но быстро собрался.)
Во-вторых,
вы использовали недобросовестный приём...»
Здесь меня опять перебили:
«Слушай, может, попугая тебе подберём?
Языком, смотрю, треплешь как помелом».
«Простите, я не закончил.

Итак, ради извлечения прибыли
вы воздействовали на неокрепшие подростковые умы
ярким словечком...»
Хозяин «ЗООточки» насторожился —
явно задумался, где допустил осечку.
«Вы вообще в курсе, что чилиться —
это жаргонный англицизм?»
Интонации Нины Андреевны напугали больше всяких
инспекций и экспертиз.
Перепрыгнув клетку, как легкоатлетический барьер,
хозяин сорвал листок номер три
(**ЧИЛЬСЯ ВМЕСТЕ С НАМИ** ☺), открыл вольер
и приказал: «Давай, пересаживай сюда!
И чтоб я тебя здесь больше не видел.
Понял? Никогда!»
Пересадка пленников прошла штатно:
быстро, аккуратно
и даже бесплатно.
Наступило время уходить,
победно задрав нос,
но я, как будто при всех перепутал медный
и железный купорос,
вместо радости почувствовал растерянность и стыд.
Не знаю, может, для кого-то норма
ставить кроссовок на чьё-то горло,
но мне было не по себе.
Я подошёл к Александру, он вытирал пыль с книжки
«Правила ~~зверо~~торговли».

«Что ещё? — спросил он исподлобья. —
Чего надо? Говори скорей».
Я протянул ему двести рублей:
«Это на корм.
Руслану и Людмиле.
Ну или на цепь котам учёным.
Извините, что, не подумав, купили».
Положив деньги в ~~чёрную~~ кассу,
Александр прищурился:
«А ты, смотрю, тот ещё персонаж.
Оказывается, в классике разбираешься.
Даже не верится, что способен на шантаж.
Я и сам знаю,
что реклама никуда не годится,
но я ж не виноват,
что из-за этого идиотского слова
клиентура у белок толпится.
Отупение полное.
На уме одни компьютерные игрушки.
Дошли до того, что чуть не на лбу себе пишут:
Я НЕ ПУШКИН.
Вот что это?
Издёвка?
Вызов?
Так, получается?
И самое страшное в том,
что даже не понимают,
над чем издеваются».

В голове что-то хлопнуло —
произошла удачная стыковка,
затем внутри
мгновенно включилась духовка,
она шпарила так,
что из свитера вырвалось облако душного пара.
Еле выбравшись из трёхсекундного кошмара,
я нашёл в себе силы уточнить:
«Может, это был не лоб, а сумка?
И что скажете насчёт рисунка?»
Не получив внятного ответа,
я ~~встал на колени~~ закричал страшно:
«Пожалуйста, вспомните, кто это был!
Это очень — очень — важно!»
~~Я до конца жизни буду чистить ваши клетки~~
~~и дрессировать попугаев.~~
Хозяин «ЗООточки» осторожно отодвинулся:
«Пацан, честно, не знаю.
Помню, что какая-то девчонка.
А кто такая — откуда мне знать?
Их за день вон сколько.
А тебе зачем на неё информация? —
спросил Александр ~~Великий~~. —
Тоже возьмёшь на крючок?
Ну, поищи в группе —
у нас там конкурсы разные, акции.
На вот, держи.
Здесь ссылка и QR-код...

Слушай,
больше не приходи.
Тут и без тебя одни убытки».

Я приложил руку к сердцу,

кивнул

и жарко поцеловал

визитку.

ЭПИЛОГ

Слышал, что психов особенно накрывает
осенью и весной.
Вообще-то до марта целых две недели,
а я, если внимательно присмотреться, —
готовый душевнобольной.
Едва сдерживаюсь —
усилия прилагаю запредельные,
чтоб не загреметь в Детское
(есть такое?)
Психиатрическое Отделение.
Внешне вроде пришёл в норму:
делаю уроки, не заливаю кактус,
выношу мусор,
СОБЛЮДАЮ школьную форму,
с родителями наладил тёплое
и доверительное общение,
они тоже молодцы —
с их стороны нет ни раздражения, ни мщения,
ни смешка,
ни укора,
ни упрёка,
и самое удивительное:
на порванную куртку ни одного намёка!

Ещё необычно,
что папа никак не прокомментировал
запах рыбьего корма.
Понюхав плащ,
молча отправил его на чердак, как списанную униформу.
С клеткой тоже благополучно:
под покровом темноты её переправили через забор.
Вышло абсолютно беззвучно:
помогло
«Копыто баранье 1 штука.
Натуральное лакомство».
Натуральное или нет,
Персею было без разницы —
плату за молчание принял радостно.
Зачем всё это перечисляю?
Честно, сам даже не знаю.
Просто со стороны
всё **ТИШЬ ДА ГЛАДЬ,**
а на самом деле ситуация неоднозначна.

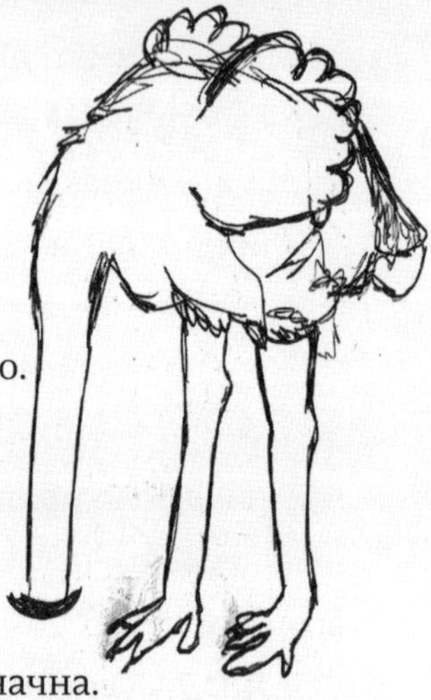

НА ЛЮДЯХ всё более-менее прозрачно,
но когда остаюсь наедине сам с собою,
я...
Что ж.
Пора признаться.
По ночам я голый залезаю на крышу и жутко вою.
Ладно. До этого пока далеко.
Хотя, как известно,
на **КРИВОЙ ДОРОЖКЕ** оказаться легко.

С наваждением не справляюсь,
из последних каких-то сил держусь.
Скрываюсь, шифруюсь,
            но чувствую, час расплаты близок,
                        ещё немного — и проколюсь.
Когда-нибудь не выдержу и объявлю:
«Я, Роман Александрович Турбин
(ник: Независимый_Пингвин),
всё свободное и несвободное время
провожу в группе «ЗООзапятая»
(администратор: Король_Лев, модератор: Зая).
Там я внимательно изучаю фотки девушек
и их домашних животных,
анализирую комментарии, лайки
и **ПЕРЕПАЛКИ** после голосований народных.
Также с интересом отслеживал
розыгрыш сертификатов «ЗООточки»,
а вчера чуть не написал
неизвестной мне Страусихе_Трусихе,
выигравшей главный приз месяца —
миникогтеточку.
Мне показалось, что она — именно та,
из-за которой я без пяти минут маньяк.
«Извините, больше не буду...» —
думаю, прозвучит примерно так.
Но, по всей видимости, это случится не скоро.
Никому нет дела до моего разоблачения
            и последующего позора.

Какая-то тревожная вокруг обстановка.
Начало странностям
положил редкий в наших местах ураган.
Повреждений много, но самое неожиданное —
улетевшая школьная остановка,
которая не только оторвалась от земли,
но и кувыркнулась пару раз.
Её, прилично помятую, куда-то увезли,
а дядя Коля теперь шутит:
«Остановочный пункт не наблюдаю.
Высадка по требованию.
Жмём на газ?»
Да, пожалуй, именно ураган запустил череду явлений
каких-то совсем аномальных.
Все резко перестали изображать из себя нормальных.
Папа на работе с кем-то то ли поругался,
то ли подрался (!) —
на что-то среагировал, не удержался.
Я подошёл к маме уточнить подробности,
но она толком ничего не говорит —
у неё самой на работе
ВСЁ НЕПОНЯТНО КУДА ЛЕТИТ.
Проблема такая: отравились туристы
(пять человек).
Говорят, пили из ручья.
Ужасно, конечно,
но, если разобраться,
вина неизвестно чья.

На плакате у Целебного Источника написано:
«...вода обладает волшебными свойствами...
и будет полезна всем
страдающим различными расстройствами...»
То есть нигде не сказано, что её нужно пить,
так что маме можно спокойно
(как наша классная, прикрыв глаза)
говорить: «Если честно, всё, что вы напридумывали,
мне совсем не интересно.
У меня на этот счёт своё мнение —
единственно правильное,
без сомнения».
Или можно выдать цитату из Пал Ивановича,
директора:
«Друзья, только, пожалуйста, без интонаций инспектора!
Не надо шуметь и вспыхивать.
И убедительно попрошу никуда не звонить
и через мою голову не перепрыгивать».
Больше никого посоветовать не могу.

Не брать же маме пример с Насти,
которая недавно написала:
«Ты реально ку-ку?
Иди лесом.
Достал.
Ты кого-нибудь, кроме себя, слышишь?»
Ладно, думаю, пойду.
Мне к природе не привыкать.
Правда, потом выяснилось,
что сообщение не мне, а архитектору Мише.
Короче, в последнее время всё в таком духе.
А, забыл суперновость из области культуры,
криминала и науки:
в городском музее пропал самый крупный минерал.
В интервью сильно растрёпанный
(наверное, после урагана) чего-то там представитель
очень неуверенно сказал:
«Убеждён, преступник получит сполна».
И, конечно, главная сенсация:
на выходных Сёма не получил ни одного заказа!
~~А Марк случайно купил слона.~~
Понятно, что в такой обстановке легко раствориться,
уйти в себя, в отчаянные поиски погрузиться.
Да, погрузился и загрузился я по полной —
изучать чужие лица стало уже как бы нормой.
Теперь знаю каждый нос и хвост
сообщества «ЗООзапятая». Только что с того?
Результативность поиска пока нулевая.

Нужной шапки нет,
скандальной сумки тоже,
дальше — полный стоп.
Кого искать?
На кого **ОНА** похожа?
Просто пассажирок — миллионы.
Ах, да!
Забыл две приметы:
опущенные ресницы
и шнурораспутывающие ладони.
Затаив дыхание,
увеличиваю чьи-то глаза
и руки до гигантских пикселей,
увлечённый невыполнимой миссией,
охваченный непростым чувством
(смесь эйфории и грусти,
приправленная жаром и тошнотой).
Спустя два с половиной часа чувствую,
кто-то трогает меня за плечо:
«Ромыч, алё!
Что тут с тобой?»
Я, не оборачиваясь, отмахиваюсь
(с галлюцинациями общаться непродуктивно)
и продолжаю поиск —
уже не по старинке, а креативно:
нашёл трек «Звуки троллейбуса.
Торможение. Разгон»
и под него листаю зооленту.

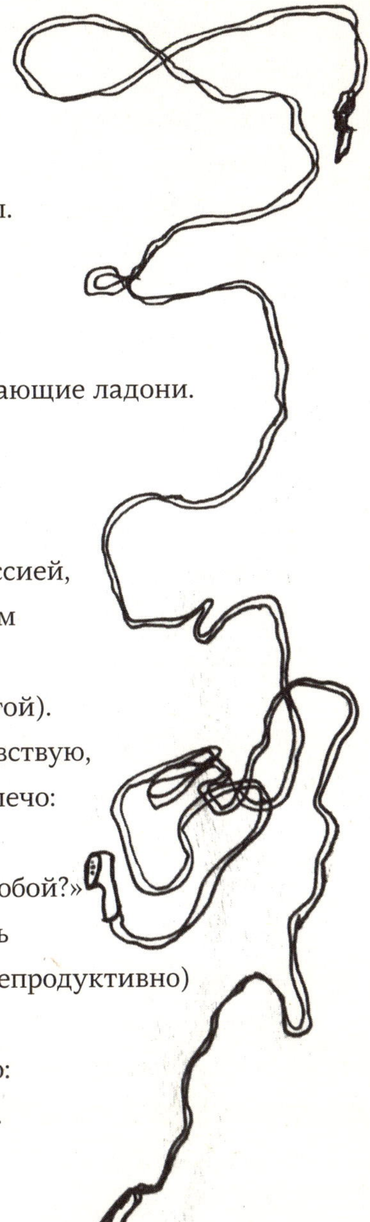

Только ни к одному лицу

не подходит тот огромный пушистый помпон.

Ну что ж.

Нет — так нет.

Но я не сдаюсь.

Буду искать хоть до ста пятидесяти лет.

22:52.

Последнее обновление.

Новых фоток нет.

Только от Заи объявление:

«Ребят, есть идея!

В честь Дня всех влюблённых предлагаю фотомарафон:

в течение суток выкладываем своих любимок.

Внимание!

Призов не будет —

Саша сказал, нет возможности.

Так что (грустный смайлик) пардон.

Буду рада, если поддержите.

Только, пожалуйста,

фотки и видео свежие!»

Первой **ЛЮБИМКОЙ** оказался хозяин «ЗООточки»

(он же ~~Жадный~~ Саша).

Правда, его изображение провисело не больше минуты:

Король_Лев просто взорвался от такого подхалимажа,

после удаления выдал нотацию

о нарушении Правил сообщества,

а Зая попросила:

«Ребят, марафон про **ПИТОМЦЕВ**. Давайте без эпатажа!»

Вторым (но уже, получается, первым)
стал толстый жёлтый кот (дико важный).
Третьим — хомяк,
копающийся в конфетных бумажках.
А, понятно: подпись One love fantik.
четвёртый мАРАафонец —
попугай, невнятно орущий:
«Кеша-романтик! Кеша-романтик!»
Дальше пауза шесть минут.
Так. Уже семь.
Кажется, хватит.
Но спать не хочется просто совсем —
сон пока не накрывает,
чувствуются многочасовые ночные тренировки.
А вот и номер пять:
от Гуманный_Гуманоид
две кокцинеллиды
(или божьи коровки).

Смешно обгоняя друг друга,
ползут по руке.

Так... Как-то мне стало не по себе.
Добравшись до запястья, они расходятся.
Со мной что-то не то:
чувствую,
внутри заглохший мотор потихоньку заводится,
и чем дальше, тем он тарахтит сильней.
Не выдержав щекотки,
знакомая ладонь

(да, я сразу узнал те пальцы) дёргается,
одна коровка свалилась, и я вместе с ней.
Мы куда-то падаем —
кажется, в пропасть,
но нам не страшно,
потому что лететь лучше, чем ползти.
Кувыркнувшись, во что-то врезаемся —
так, что крапинки коровки осыпаются,
как чёрные конфетти.

Спустя некоторое время
я, немного потрёпанный,
но, к счастью, живой,
лежу на кровати и печатаю сообщение:
«Привет!
~~Я Турбин Роман,~~
~~восьмой "А",~~
~~рост метр семьдесят два,~~
~~способный-но-ленивый,~~
~~не хулиган...~~»
После такого удара не помню,
как обычно начинают общение.
Да, с новой жизнью как-то сложно.
Может, после «Привет!» написать:
«А где твоих жесткокрылых увидеть можно?»
Нет.
Лучше прямо и честно:
«Месяц думаю только о тебе.
Давай встретимся».

Отправил.
Не понимаю,
это всё наяву или во сне?
А какая разница?
Всё равно не сбежать уже с этой цепи́.

Так что спи, Пингвин,

завтра всё узнаешь.

Спи, Турбин.

Спи.

Также в серии «Встречное движение»

Ева Немеш
Субтитры

Так мог бы выглядеть YouTube, если бы стал книгой!
Героиня повести «Субтитры» Лерум Ферум – блогер с киберпротезом руки. После победы в популярном данс-шоу она оказывается на интервью у Саши Герца. Его цель контент: деньги, подписчики, реклама. Внезапно акцент смещается на страшную автомобильную аварию, в которую попала танцевальная группа Леры. Эта история вдохновляет продюсера канала на создание собственного проекта и масштабное интернет-расследование трагедии.

Настя Рябцева
Гриша не свидетель

Грише скоро 14, и он невидимка, зато его не вызывают к доске. И вот Гриша решил перестать быть только свидетелем жизни. С чего вдруг? Умерла бабушка, мама уехала на похороны, вокруг слякоть, неприкаянность и предновогодние дни.
А рядом происходит обычная школьная травля. Пронзительный рифмованный роман о первой нелепой подростковой любви и рождении голоса.

Лоррис Мюрай

Двенадцать лет, семь месяцев и одиннадцать дней

Уолдену 12 лет, семь месяцев и три дня. В таком возрасте каждый день важен, хоть Уолден и понимает это, только когда отец оставляет его одного на неделю в лесной хижине. Прямо как в книге великого Генри Торо, которой отец мучил сына всё детство. Что Уолден сделал не так? Ясно, что он не оправдывает надежд отца, он недостаточно мужественный, он не боец. Матч по бейсболу, в который Уолден не отбил ни одного мяча, кажется, стал роковым.

Уле Кристиан Лёйнинг

Мой друг пират

Двенадцатилетний Андре и его двоюродный дед, старый морской волк по прозвищу Пират, силой вещей начинают жить вдвоем, притираясь и привязываясь друг к другу, а потом на старой залатанной яхте пускаются в путь из Норвегии в Тринидад через непредсказуемый Атлантический океан — ради спасения человека. Есть вещи, на которые мы не можем повлиять, говорит читателю эта книга, но в любых обстоятельствах мы можем идти вперед и не сдаваться.

Литературно-художественное издание
Серия «Встречное движение»

Ева Немеш

Сенсор

Для среднего и старшего школьного возраста

В соответствии с Федеральным законом
№ 436 от 29.12.2010 года маркируется знаком 12+

Дизайн, обложка, верстка Влады Мяконькиной
Иллюстрации Варвара Романова
Литературный редактор Вера Копылова
Корректоры Марина Нагришко
Ведущий редактор Вера Копылова
Главный редактор Ирина Балахонова

ООО «Издательский дом «Самокат»
119017, Россия, г. Москва,
ул. Малая Ордынка, д. 18, стр. 1
+7 (495) 180-45-10
info@samokatbook.ru, www.samokatbook.ru

Отдел продаж
sales@samokatbook.ru

Наши книги везде в мире:
samtambooks.com

Книги по издательским ценам можно приобрести в магазинах издательства:
Москва, ул. Малая Ордынка, д. 18, стр. 1;
Санкт-Петербург, ул. Мончегорская, д. 8Б
и в интернет-магазине samokatbook.ru.

Подписано в печать 09.01.2024
Формат издания 60×84/16. Усл.-печ. л. 6,51.
Тираж 3000 экз. Заказ № 003.

Отпечатано в АО типография «Ридо»
603074, г. Нижний Новгород, ул. Шаляпина, д. 2А
+7 (831) 275-41-60; www.rido.ru, rido@rido.ru